LE PETIT LIVRE DES SORCIÈRES

ちいさな手のひら事典

魔女

LE PETIT LIVRE DES SORCIÈRES
ちいさな手のひら事典
魔女

ドミニク・フゥフェル 著

いぶきけい 翻訳

HALLOWE'EN
DESIGN COPYRIGHTED BY RAPHAEL TUCK & SONS CO. "LTD."

目次

Wishing
You a
Jolly
Halloween

魔術の歴史

今日(こんにち)、「わたしは魔女よ」と宣言したところで危険はなく、うらやましがられるか、せいぜい無邪気な気まぐれだと、困った顔をされるぐらいでしょう。ネット上に溢れる超常現象の信奉者、霊媒師、透視者たちに悪気はなく、むしろその予知能力や儀式に飛びつく人の心の平安に貢献しています。一部の人が治安や人類の尊厳を侵すことがない限り、魔法を信じるも信じないもその人の勝手。ところが、歴史的にみると、長いあいだそうではなかったようです。

尊敬される一方で、恐れられた魔術

古代、おのずと生じる疑問に答えが得られないと、人間は不安に駆られました。自然災害、病気、国の繁栄や惨状を、どう説明すればよいのでしょう。誕生したばかりの科学の知識では、理性に基づく説明はとうていできず、数少ない賢者もお手上げ。神さまに頼るほかなくなった人びとは、運命の流れを変えようとして、霊界と交信できる人にすがったものでした。こうした状態が何世紀も続いたのち、ようやく科学が信仰にとって代わる時代が来ます。

司祭、謎の言葉の書かれたパピルス、壮大な儀式——エジプトは、ギリシア人やローマ人にとって魔法の国でした。しかし、ギリシアやローマにも、民衆や選ばれた人のなかに同様のことをする人はいたのです。ギリシア神話には、太陽神ヘリオスの娘で、オデュッセウスの部下を豚に変えた魔術師キルケや、

Sirop LAROZE aux écorces d'oranges amères. Tonique, Digestif.

Une sorcière compose un médicament salutaire, à l'aide de simples cueillis au clair de lune, quand sonne minuit.

イアソンへの恋のために国を裏切り、わが子を殺した王女メデイアなど、たぐいまれな力を備えた人のことが語られています。

みずから魔術師と名乗る人は、疑われたりバカにされたりすることもなく、太古の昔から変わり映えのしない武器（石、植物、動物、おまもり、書字板、呪文、歌等々……）を駆使してきました。使い方さえわかれば、あらゆるものを使って魔法をかけることができたのです。しかし、宗教と違って、人前ではなく秘密裏におこなわれる魔術は、不信の目で見られます。アメリカ先住民やケルト人、東洋や最果ての地シベリアに至るまで、魔法は世界中で威力を発揮しました。善いことも悪いことも等しくできるがゆえに、魔術師は人びとから恐れられたのです。

法を超越する魔法の力

魔術は旧約聖書の時代から断罪され、一神教が広まっていたヨーロッパで受難にあいます。なかでも、人びとをキリスト教に改宗させ、掟（おきて）を課し、西洋全体を支配するに至ったカトリック教会は、魔術師を迫害し、その力の行使を禁じました。善良な人びとは神さまだけでなく、手相や占星術に救いを求めますが、超自然の世界と交信するには、神の敵である悪魔と手を結ばなければなりません。13世紀初め、教会は異端糾問所を創設し、カトリックの教義を守らせ、異議を唱える者を裁きました。1326年、教皇ヨハネス12世は魔術を異端として糾弾します。たび重なる戦争のため、中世ヨーロッパは荒廃。さらに、ペストなどの疫病や、自然災害と人手不足による飢饉が加わり、人びとの生活は困窮を極めました。そんななか、災いには悪魔が加担していると思うことで、みな安心を得ようとします。魔女をその共犯者に仕立てることは、じつに都合がよかったのです。

魔女狩りは中世に最も多かったといわれますが、頂点に達したのはルネサンス期から17世紀にかけて。犠牲者の数は膨大で、3万〜5万人にのぼりました。告発やうわさによって魔女だと疑われれば、逮捕され、裁判にかけられ、火あぶりにされるのは免れませんでした。ところで、魔女とはいったいどんな人たちだったのでしょう。

迫害の対象に

中世に医者のできることは限られていたため、症状の程度にかかわらず、病気を治すのは薬草に詳しい人の役目でした。とはいえ、患者が相手を信用していたわけではありません。治療には儀式がつきもので、超自然の力を使っていると疑われました。

魔女は、呪術医だけに限りません。当時、禁じられていた堕胎に手を貸す産婆もたくさんいました。いわば、女性に服従を強いていた権威に歯向かう存在が、魔女と呼ばれていたのです。

有名な米国マサチューセッツ州セイラムの魔女裁判では、降霊会に参加していたふたりの少女が、物乞い、身寄りのない老婆、奴隷の女性3人を魔女だと告発しました。町の名士が訴えられることはなく、対象になったのは社会から疎外された独り身の女性ばかり。仕返しが目的であっても、裁判所が慎重に判断を下すことはなかったので、争いやライバル関係にあった人を社会から追いやるのは簡単でした。

こうした苦難の時代を経て、19世紀末には、裕福な人びとのあいだで霊媒師が人気を博し、テーブルを回転させたり、死者を呼び出したりすることがブームになります。もはや魔術師が迫害を受けることはなく、田舎では、呪術医たちが患者の信頼を得ていました。もしかしたら、そのなかに魔女がいたのかもしれません。

魔女になるには？

中世では、悪魔と個人的に契約を結ぶことで魔界に入り、一度入ったら最後、戻ることはできないと固く信じられていました。魔女になりたいと願う人は、魔法の力を得るのと引き換えに、キリスト教信仰を捨てなければなりません。志願者は、絶対的な主人として悪魔に仕え、生涯消えることのない焼印を入れられました。

女たちは悪魔と肉体的に結ばれますが、魔女の性的欲望には際限がなかったので、喜んで身を捧げます。そのようにして得た不吉な力で、魔女は災いをもたらす飲みものをこしらえ、禍々しい呪いをかけ、不幸を招き寄せ、魂にとり憑き、最大限の損害を与えたのです。魔法のなかで最も素晴らしい能力は、空を飛ぶことと変身することでしょう。この力を使って、善いおこないをすることもできたのでしょうが、おとぎ話のなかで、魔女は常に冷遇されてきました。

今日（こんにち）、状況は変わりました。もはや、魔女と黒魔術を結びつけて考えることはありません。隠れた才能を見出し、行使したいと願う者は、自然や宇宙、人類や自分自身に対して開かれている証（あか）しでもあるからです。魔女になるには犠牲を伴います。その内容は異なりますが、今も昔も、心の底から願い、努力する必要があることに変わりはありません。

Aus Liebe

魔女って、どんな人？

人びとの想像力は、19世紀に始まるおとぎ話に影響されています。魔女といえば、髪を振り乱し、ワシのくちばしを思わせる鼻のある醜い老婆で、ぼろぼろの服をまとい、先の尖った帽子を被り、鉤づめのような手で犠牲者をひっつかむものと思いがち。そこには、当時の反ユダヤ主義の影響が認められます。例えば、ユダヤ人の突き出た鼻は、貪欲さのしるしとされました。何世紀ものあいだ、魔女は異端を意味する尖った帽子を被せられてきましたが、これは魔女のもつ力の象徴でもありました。まとっていた服と同じく、真っ黒な帽子は明らかに悪意があることを際立たせますが、それがだれなのかよくわかりません。魔法の力で変身していますが、見かけの愛想のよさとはうらはらに、狙った獲物を思うままに動かすため、魅力を振りまき、人びとを誘惑する卑しい女です。悪魔の愛人であるにもかかわらず、自由奔放にふるまい、その性的欲求はとどまるところを知りません。当時、これは女性にとって最大の罪でした。

とはいえ、時代または文化によって、魔女のイメージも変わります。例えば、ギリシア神話に登場するキルケは魔法の力も最強でしたが、その美しさは人びとに畏怖の念を起こさせたといいます。姪のメデイアは、アルゴー船に乗ったイアソンに恋をして、魔法の力で、父親が所有する金色の羊の皮衣をイアソンが奪いとるのを助けました。

RIE CRAMER.

年老いた魔女

魔女と呼ばれても、ちっともうれしくありません。16世紀以来、魔女には醜く、意地悪な老婆といった、マイナスのイメージがつきもの。社会に害悪をおよぼす強力なパワーをもち、不安をかきたてる恐ろしい存在だったのです。女性版鞭打ちじいさん(ペール・フエタール)とでもいえばよいでしょうか。決して近づかないよう、子どもたちは厳しく言いわたされました。毒殺、悪運、呪い、誘拐等々……、魔女が備えていた恐るべき攻撃方法はじつに多彩。女性を貶(おとし)めるこの呼び名は、若い女性よりも年老いた女性に向けられました(娘さんには、もっと卑猥な言葉が投げかけられたものです……)。

その存在が信じられていた時代、魔女が非難の的だった理由のひとつに、性に対する飽くなき欲望があります。主人である悪魔にはおよばないものの、魔女の夜会(サバト)でいかなる狂乱が繰り広げられていたかは神のみぞ知る……。こうした乱交については、すでに悪魔と話がついていましたから、魔女たちはやりたい放題だったのです。真相がわからないせいで妄想はさらに膨らみ、フラストレーションと憎しみから、恥ずべき密告が繰り返され、犠牲者の末路は悲惨でした。

Méchante comme une vieille sorcière.

お妃さまは魔女

グリム兄弟が『白雪姫と7人の小人』を書いたのは1812年。ヒロインの継母が忌まわしい魔女として浸透するようになったきっかけは、1937年に公開されたディズニーのアニメ映画でした。年老いたしわだらけの顔、鉤形の鼻にはイボがあり、あごはしまりがなく、白い髪はぼさぼさ、背は低く、腰は折れ曲がり、鉤のように曲がった指をして、震える声で話します。

しかし、自分でこしらえた媚薬を飲む以前、女王であったころ、この女性はエレガントで、えも言われぬ美しさでした（高慢で、感じが悪かったのは確かですが）。非情な継母の典型として描かれていますが、それは当時よくみられた現実を反映しています（母親の死により父親が再婚、遺産をめぐって継母と子どもの関係が悪化……）。妃が意地悪なのは、虚栄心の強さゆえ。若くて気立てがよく、天使のような白雪姫は、自分こそ世界で一番美しいと信じていた義理の母親よりはるかに美しかったため、嫉妬に駆られた妃は魔女になり、毒のリンゴを娘にすすめます。禁断の果実リンゴは、貪欲さの象徴。ヘビにそそのかされ、イヴは原罪を犯しました。

美貌で人の心を惑わし、恐ろしいほどの力をもち、罪を犯すことも厭（いと）わない……これだけ揃えば、お妃＝魔女を人類の敵とみなすにはじゅうぶんでしょう。こうした危険な存在は、自分の身を守るためにも、憎まざるをえなかったのです。

魔女の必需品

ほうきにまたがって空を飛ぶ女性がいたら、それは魔女に違いありません。どこの家にもあるこの掃除道具は、魔女の象徴でした。ほうきには、カバ、ヤナギ、エニシダ、ハシバミ、ナナカマド、サンザシの6種類の木の枝が使われ、魔女はしなやかなヤナギの若枝を使って枝を柄にしばりつけ、つなぎ目には神秘な力をもつといわれるリンボクの小片を仕込みました。魔法を使えば自分で掃除をする必要はなかったので、ほうきは空気を清め、地面に魔法陣のような円を描くのに使われました。

もうひとつ、魔法使いに欠かせない道具が杖です。こちらは、夜明けまたは日没時に金の鉈(なた)を使って左手で切り落としたニワトコで作られます。魔女はこの杖を少し削って、自分の血を3～5滴したたらせたのち、蝋(ろう)で封印したのだそうです。魔女はロウソクと燭台(しょくだい)を常備していて、それで床に円を描き、超自然現象を起こしたり、仲間の魔女と会合を開いたりしていました。

不老不死の霊薬や媚薬や秘薬を調合するときは、できるだけ大きな鍋を使って大量につくり、小瓶に入れて保存します。こうした薬や飲みもののレシピや魔法のかけ方を、魔女は分厚い魔術書に書きこんでいて、秘密の場所に保管していました。

クローゼットにあるアクセサリーは、シンプルなロープだけ。これを腰に巻いて、儀式に行くのです。

鏡よ、鏡……

鏡は、霊媒師が霊を呼び出すときに使う魔法の道具。過去、現在、未来が映るので、予言をすることができます。古代から、未来を占うには、鏡や静かな水面が用いられてきました。表面には現実の姿が写し出されますが、巫女は鏡や水のなかに入りこみ、ものごとの裏側を見ます。鏡は本当のことしか言いません。継母の問いに、鏡が「世界で一番美しいのは、お妃ではなく白雪姫」と答えたことでも明らかです。

とはいえ、鏡は未来を占うためだけに使用されたわけではありません。痛みのある場所にあてると、傷が治るのです。秘儀に通じた者は鏡を使い、何代にもわたって家族を見守ってきた精霊を呼び出しました。ロウソクの灯に照らされた魔女が鏡の前で念じると、願いが叶うといいます。それ以外の目的で鏡を使用したり、部屋に飾ったりしてはいけません。

また、ドアに鏡を掛けることで、邪（よこしま）な意図をもって侵入しようとする輩（やから）の力を封じることができます。初めて魔術に鏡を使用するときは、9日にわたって毎日、霊力を吹きこむとよいでしょう。やさしい精霊を呼び出して、鏡に魔力を授けてもらうのです。

DESIGN COPYRIGHTED BY RAPHAEL TUCK & SONS CO. "LTD."
C.B.T.
Oh my! Do you s'pose that's really him?

禁断の果実

森で魔女に出会ったとき、この女性を恐ろしいと思ったにもかかわらず、白雪姫は差し出されたリンゴを齧(かじ)らずにいられませんでした。他の果物なら、こうはいかなかったでしょう。まさにリンゴは、誘惑の象徴。誘惑に抗えなかったせいで、この禁断の果実によってもたらされるダメージは絶大でした。ギリシア神話に登場する3人の娘ヘスペリデスは、女神ヘラが夫ゼウスのために植え、百の頭をもつ竜ラドンに守らせていた黄金のリンゴを盗み出しました。夜の女神ニュクスの娘エリスは、「最も美しい女神に贈る」と記された黄金のリンゴを宴の席に投げ入れ、ヘラ、アテナ、アフロディーテの3女神の争いを引き起こしました。創世記では、禁断の果実リンゴを食べたかどで、神の命によりイヴは楽園から追放されました。そのため、アダムとイヴは苦難の道を歩むことを強いられます。どうやら、女性にとってリンゴはあまりよい友だちとは言えないようです。

しかし、悪いことばかりではありません。北欧神話に登場する愛の女神フレイヤの庭には、黄金のリンゴが何本も生えていて、永遠の若さを神々に提供していたそうです。ケルト人はリンゴの木を豊穣のしるしとみなし、家をリンゴの枝で飾ったといいます。妖精モーガン・ル・フェの聖なるアヴァロンの地には、リンゴの木がたくさん植わっており、アーサー王伝説では、リンゴは人生の節目となる誕生、死、再生をつかさどるといわれています。

N'aimerais-tu pas
goûter cette belle
pomme?

サバトで会いましょう！

サバトは、ユダヤ人の安息日。また、魔女が一堂に会する、悪魔が主宰するお祭りを指します。「サバト」にふたつの異なる意味があるのも偶然ではありません。というのも、ユダヤ人と魔女は、いずれも災いをもたらすとして非難されていたからです。

魔女はなぜサバトに行くのでしょう？　単純に、仲間の魔女に会って、魔術に関する情報を交換するためです。新しい秘薬のレシピを教えてもらい、必要な呪文をおぼえ、魔法のかけ方を習い……。だれもが満足したわけではありませんが、楽しいお祭りであったことは確かです。出かける前には、体に軟膏（生まれたばかりの赤ちゃんの脂肪分から作ります）を塗って、ほうき（なければ、棒や動物）に乗って空を飛ぶのです。ヘビや黒ネコを伴うこともありました。

サバトは、森の空き地や岩山の上など、自然に囲まれた人里離れた場所で、ひと晩中続きました。魔女たちはそこで宴会を開き、悪魔に対する忠誠を繰り返し唱え、とりわけダンスは欠かせません。女性に貞淑が課せられていた時代にあって、魔女はサバトで官能的に踊り狂ったものです。最悪の場合、悪魔が乱痴気騒ぎに加わって、犯罪がおこなわれ、犠牲者が出ることも。人びとがこれを信じ、記憶に刻んだことで、14世紀に増大する魔女裁判につながっていきました。

死者を歓迎する

10月31日は、魔女、吸血鬼、生ける屍を迎える日。ケルト人にとって、ハロウィーンは年末の行事でした。お祭りはサウィンと呼ばれ、数日間続きます。ケルト系のゲール人やブリトン人（ブルトン人を含みます）は独自の太陰暦を使っていたので、正確な日付が決まっていたわけではなく、11月初め、最初の満月の夜とされました。9世紀、ローマ教皇グレゴリウス4世は11月1日を諸聖人の祭日と定め、13世紀には翌2日が死者をしのぶ日に制定されます。こうして、ケルトの祭日サウィンはカトリックの典礼で中断されますが、19世紀半ば、アイルランド人が民間伝承の形で復活させます。

かつて、この日は死者と生者の境界が失われ、死者は霊になって、自分が生きていた場所に帰ってくると信じられていました。今日では、闇に暮らす者（大半は想像上の生きもの）が街を歩きまわります。満月の前夜、ケルト人はすべての火床を消して、祭司ドルイド僧のまわりに集まります。ケルトの祭司は、聖なるオークの枝で、新年を祝う新しい火を点してまわり、人びとはそれを持ち帰って暖炉に火を入れるのです。続いて会食が開かれ、不死をもたらすといわれる豚肉のご馳走をいただきます。宴席では、ビールや蜂蜜酒がふんだんにふるまわれ、伝統的な歌や遊びで楽しい時を過ごしました。

損害を与えるために

魔法は、家族や他人のために使います。これはいわゆる白魔術で、その強力なパワーゆえ不安がないわけではありませんが、いつの時代でも人びとは魔法が善行のために用いられることを願っていました。

他方、黒魔術と呼ばれるものがあります。悪魔にそそのかされた魔術師や魔女が行使した悪意のある魔法で、人びとから恐れられたものです。「右道(善)」に対して「左道」、悪魔信仰、妖術(マレフィキウム)とも呼ばれ、教会から断罪されます。魔術、呪文、呪いの視線、悪魔崇拝、黒ミサ、吸血迷信、呪縛、呪詛、降霊術等々……、なにを信仰し、なにを実践するかにかかわらず、その目的は悪霊の力を借りて、損害を与えることにありました。黒魔術は危険を伴い、今なお用心するに越したことはありません。そんな危険を、人はなぜ冒すのでしょうか?

利益を得るため、恨みを晴らすため、仕返ししてやりたいと願う人に協力して報酬をもらうため……。理由はいろいろ考えられますが、黒魔術は複雑な儀式を正確に執りおこない、不吉なパワーを呼びさまさなければなりません。教会は認めていませんでしたが、まちがって特定の個人やグループを非難したことも。利害関係が絡んだため、テンプル騎士団は迫害を受けました。霊にゆだねる点では、白魔術も同じです。違いはもっぱら、魔法を使う目的にあります。善いことをするのに、黒魔術が用いられることはありません。

Mondschein?

人間を生贄(いけにえ)に

神さまの寵愛を得るために、してはならないことはなんでしょう？　新石器時代の昔から、あらゆる文明で人間が生贄にされてきたと、研究者たちは指摘しています。魔女の場合、目的は異なり、犠牲者を捧げることで、悪魔に取り入ろうとしました。忠誠と服従のしるしに、悪魔は人民の心に恐怖を植えつける生贄を要求したからです。魔女裁判を通じて、人間を生贄に差し出したことは最も糾弾された行為で、人びとの心に大きな動揺を引き起こしました。被告がだれを生贄にしても、不思議ではなかったからです。魔術師が好んだのは、子どもの生贄。幼い子どもの体から脂肪分を抽出し、それを体に塗ってサバトに出かけたといわれます。あえて子どもを選んだという行為は、残酷さを強調するだけでなく、子どもがもっているパワーの偉大さを示しています。無垢な子どもの体が、魔力を増大させるからです。

現在でも、アフリカでは人間を生贄に捧げていると非難されています。儀式に供するため、魔術師が子どもの肉体や臓器を求めるのです。今なお世界各地で、小児性愛(ペドフィリー)と悪魔信仰をごっちゃにした儀式がおこなわれ、幼い子どもが犠牲になっています。

LES DRUIDES. — SACRIFICE HUMAIN

恐怖を呼びさます夜

太陽が沈み、地上が闇に覆われると、恐怖が人間を苛みます。家に引きこもった農民の耳に、どこからか聞こえてくる物音は、ミミズク、それともフクロウの鳴き声でしょうか。目をさましたコウモリは納屋を飛び交い、やぶの周辺では赤ギツネが匂いを嗅ぎまわり、獲物が悲鳴をあげます。動物が人に危害を与えることはありませんが、鳴き声を耳にするだけで、血が凍るような恐怖をおぼえます。こうした動物に不吉な力を付与したとしても、不思議ではありません。

窓から眺めると、墓地の石碑のあいだを鬼火が狂ったように舞っています。さまよえる魂を探しているのでしょう。あるいは、日没後、鬼火の跡をつける豪胆の輩を惑わせようとしているのでしょうか。夜になると、精霊が姿をあらわします。不幸にも、お通夜の席で、亡き人が囚われの身になっている鏡を黒い覆いで隠すことを忘れたら……。故人の亡霊が、生者につきまとわないとも限りません。復讐を誓う霊は世界中をさまよっているので、注意が必要です。不正の犠牲になった人、壮絶な死を遂げた人、してきたことが報われずに不満を抱く人が姿を変えてあらわれ、生き残った人びとを悩ませるのです。

月の光も危険です。フランスのブルターニュ地方では、月の光が処女を孕ませるといわれています。

NUIT
LELÉE
10

植物のエキスパート

1862年、ジュール・ミシュレは、中世の魔女が担った「病気の手当」という役割に着目し、『魔女』を出版しました。当時、科学は一定の発展を遂げていたものの、医学と魔術の境界はあいまいで、一般には浸透していませんでした。そのため、治療は確固たる知見に裏づけられたものではなく、なんらかの力を行使するものと考えられていたのです。

当時、病人や怪我人の枕元に呼ばれた魔女（呪術医）は、植物を使って治療をしていました。あたりに生えている通常の植物ではなく、研究の結果、治療効果が期待できるとわかっていた植物です。つまり、呪術医は長年の経験を要する、真の職業だったといえます。魔女たちは時代に先んじて、同毒療法（ホメオパシー）（生体の病的反応と同様の反応を起こす薬物の使用によって病気を治療する方法）を用い、ベラドンナのような毒性のある植物のわずかな分量を投与していました。19世紀、ミシュレは考察します――「われわれが知る限り、魔女たちがおこなっていた治療は、症状を鎮めるまたは刺激する目的で、種類もあいまいな危険きわまりない多様な植物を、さまざまな用法で最大限の効果を引き出していた」。

このように、魔女の秘薬は、ときに幻覚や倦怠感を引き起こすことがあったにしろ、正当な理由があって用いられていました。また、教会から禁じられていた堕胎にも、魔女は自分の知識を活用しました。14世紀から17世紀にかけて頻繁にみられた魔女狩りでは、そうした事実によって、いっそう重い判決が下されたのです。

FIL À LA SORCIÈRE
FIL CIRÉ
CŒUR de LIN
FILATURE
1867.
VF
LONDRES 1862
PARIS 1855

鍋のなかの秘薬

魔女がつくる飲みものにはなにが含まれていたのでしょう？よく言われるのは、ヒキガエルの粘液、竜の血、火トカゲ（サラマンダー）の唾液、コウモリの体毛、毒キノコ、一角獣の眼、クモの脚、ヘビの毒、カメの甲羅です。今日（こんにち）、みつけるのが難しい材料ばかりですが、数世紀前もそれは同じでした。かつて魔女たちは、可能な場合、秘薬に人間の一部（歯、爪、血、恥毛など）を混ぜていたと伝えられています。こうしてこしらえた飲みものを、狙った人に飲ませるのです。

秘薬が効果を発揮するには、別の材料を加える必要がありました。決定的な役割を果たしたのが、植物に関する魔女たちの深い知識です。そのつど必要な植物を集め、分量をはかり、調合しました。例えば、微量の毒ニンジンは人を無能にし、大量に飲ませれば死に至ります。絶対に、用量をまちがえてはいけません。

情熱を呼びさます植物

倦怠期にさしかかった恋心をかきたて、熱い情熱を取りもどすのに、魔女の右に出るものはいません。秘薬を飲ませればこと足ります。魔女は催淫作用のある植物を熟知し、使い方を心得ていました。魔女はこれらの植物をもとに媚薬を作るのですが、じつはその効果は魔法と無関係であることがわかっています。

催淫作用のある植物は活力にはたらきかけ、リビドーを刺激しますが、こうした植物は珍しいものではありません。ニンニク、タマネギ、カラス麦、イラクサ、セロリ、ローズマリー、キダチハッカ、ルリチシャなどが含まれます。バニラ、コリアンダー、ジャスミン、スミレなどの植物は、かぐわしい香りで感覚を刺激します。ショウガ、シナモン、クローブ、ナツメグ、カルダモン、サフランなど、長いあいだ、高価で貴重だったスパイスの効能も無視できません。

マンドラゴラという植物は、根に強い催淫作用があるといわれます。想像力の豊かな人には、根の形が人間の体(性別もあります)に見えます。一見、害がなさそうですが、地中海原産の草には生殖能力を高める効果があります。サバトのあいだ、魔女たちはマンドラゴラ製の軟膏を腋に塗り、その幻覚作用でトリップしたとか。中世には、マンドラゴラを引き抜くときの悲鳴のような音があまりにひどいので、聞こえないよう耳に蝋で栓をすることを勧めたといいます。

LES PLANTES
MÉDICINALES
MANDRAGORE
GENRE DES SOLANÉES
MANDRAGORA
Édition de la CHOCOLATERIE D'AIGUEBELLE (DRÔME)

危険な植物

不吉だといわれる植物は、もともと毒性の強い植物です。むかつき、めまい、吐き気、けいれん、窒息、心不全などを引き起こし、ときには死に至ることも。実際、不敬罪によって死刑を宣告されたギリシアの哲学者ソクラテスは、毒ニンジンを用いて処刑されました。こっそり毒薬をこしらえようとする魔女にとっては残念なことに、毒ニンジンはネズミのおしっこのようなひどく嫌な匂いがします。

中世に黒魔術の儀式でひっぱりだこだったベラドンナは、もっと油断がなりません。黒い実は甘くておいしいため、食べられると勘違いしますが、長期にわたって痛みが続き、最後には呼吸器を麻痺させます。

花を咲かせる植物も、美しい外見の裏に悪意を隠しもっている可能性があります。セイヨウキョウチクトウの葉は、月桂樹の葉によく似ていますが、煮込み料理に入れてはいけません。鮮やかな紫色をした端正な花をつけるトリカブトの毒は、ヒ素に比較されるほど。5月に可憐な花を咲かせるスズランも、幸福ではなく重症の心臓障害をもたらします。秋に咲くイヌサフランは、数日間、中毒症状が続きます。ヤドリギは家を飾るのにはよいのですが、料理には使わないことです。

Ciguë.

幸せをもたらす植物

病気を治す魔女は、植物のことを熟知しています。

イラクサはおまもりの役割を果たします。暖炉の火にひとつかみ投げ入れれば、悪霊を家から遠ざけ、小さな袋に入れて身につければ、呪いを跳ね返します。ヒイラギには解毒効果が認められ、お茶にして振りかければ、生まれたばかりの赤ちゃんが不吉な視線の犠牲になることはありません。ツルニチニチソウをドアに掛ければ、家庭に愛と結婚と幸せをもたらし、庭にバラの木を植えれば、妖精が集まってきます。サンザシの真の姿は、植物に変身した魔女。アイリスの根を粉にして身につけていれば、新しい出会いに恵まれ、その愛は長く続きます。また、おふろに入れれば、不吉な霊が近寄ってくることはありません。ヒナゲシの仲間であるケシの花言葉は、つかの間の喜び。ケシの種をいくつか哺乳瓶に入れておく習慣があるのは、花に鎮静効果があり、赤ちゃんがすやすやと眠るようになるからです。

けれども、心を静め幸運を招くのに豊富な知識が役に立たない場合は、伝説や信仰に頼る、または習慣をあきらめることも必要です。

Pavot.

死を招いた媚薬

ひとめ惚れして、幸せで夢のような感覚が永遠に続いてほしければ、愛の媚薬が一番です。植物から調合されるこの想像上の飲みものは催淫剤と異なり、双方にはたらきかけ、恋人たちはともに惹かれあい、不滅の関係を築きます。

しかし、これが永遠の幸せを約束するものでなかったことは、『トリスタンとイズー』を読めばわかります。このケルトの恋愛物語は、9世紀以降、口伝えに語られますが、文字になったのは3世紀経てからのこと。しかし、それでは終わらず、21世紀になっても、伝承の分析や舞台化、映画化が相次ぎました。細かなエピソードに違いはあるものの、大筋は同じです。

コルヌアイユのマルク王は、婚約者である黄金の髪のイズーを迎えに、甥のトリスタン(アーサー王伝説の円卓の騎士のひとり)をアイルランドに遣わします。ところが、船旅のあいだ、ふたりは愛の媚薬を誤って飲んでしまい、離れられなくなってしまうのです。その後、イズーはマルク王と、トリスタンはブルターニュの王女と結婚しますが、イズーを深く愛していたトリスタンは王女と床を同じにすることはありませんでした。それを恨んだ王女は、戦(いくさ)で瀕死の重傷を負った夫を救えるのは、イズーただひとりだったにもかかわらず、ライバルが夫に近づくことを許しません。トリスタンは傷のために、イズーは悲しみのために最期を遂げます。今もふたりは茨に護られた、隣りあったふたつの墓の下で眠っているのです。

Tristan-Sage

Gg. Mühlberg pinx

魔女とその仲間たち

魔法がうまくいったら、魔女は悪魔からご褒美として忠実なる友を受け取りました。精霊または悪魔の化身で、魔女の仕事の一部を引き受けてくれるのです。

多くの場合、それはおなじみの動物たち。悪さをしでかして人目を引くものですから、動物たちは魔女を告発するときのいい口実になりました。例えば、ヒキガエル。魔女は嫌がりもせず左肩の上に乗せ、秘薬の材料に加えることも。ヒキガエルは悪を象徴し、家の近くに住みついて災いを招きます。よく知られているのは黒ネコ。人びとの心に不安を呼び、虐げられることもしょっちゅうでした。悪魔の儀式にかかわっているとうわさされたものです。

魔女の仲間である動物を、人はみな不吉だと嫌います。ネズミ、野ウサギ、カラス、ミミズク、クモ、ミツバチ……。でも、主人である魔女は、とてもかわいがっていたのです。自分の血や、ときにはだれかのお乳をあげることも。そういえば、魔女には乳首が3つあって、それで仲間に乳をやっていると巷(ちまた)でささやかれているではありませんか。

魔女が動物たちにやさしく接していたのには、理由(わけ)があります。そうしないと、サバトのとき、動物たちに文句を言われるからです。非難された魔女は、お仕置きを受けなければなりませんでした。

迫害された生きもの

かわいそうな黒ネコ！　こんなにも優美なのに、毛の色のせいで評判はさんざん。これが黒ネコの定めなのでしょうか。ネコの歴史は古く、古代エジプトまでさかのぼります。エジプト人はネコを崇めていましたが、黒ネコだけは別。生まれるや、即座に抹殺されました。

黒ネコは不幸を呼ぶと、今でも信じられています。実際、黒という色は闇、不運、死を彷彿させ、人を怖がらせます。西洋では、ローマ帝国の時代から、人びとは黒い服を着て喪に服しました。中世、黒ネコは悪魔の化身とみなされ、異端の儀式では生贄（いけにえ）として供されます。みずからすすんでこの動物となかよくなろうとする人は、悪魔崇拝者と魔女ぐらいのもの。実際、同じグループだと混同されがちです。しかし、魔女はこの呪われた動物を大切なお友だちだと思っていて、よくいっしょにいます。それだけではありません。魔女が黒ネコに変身することも。だから、街で黒ネコとすれちがったら、魔女とニアミスした可能性があります。

作家のエドガー・アラン・ポーは、作品に不気味な黒ネコを登場させて、刺激を求める読者を恐怖に陥れました。しかし、この生きものにもう一度チャンスを与えてくれた人たちがいます。全身真っ黒でも、白い毛が何本か混じっていることがありますが、フランス・ブルターニュ地方の人びとは、黒ネコの体に白い毛を見つけて引っこ抜いた人には幸福が訪れると信じていました。

聡明な生きもの

夜、森を散歩する人にとって、いちばん恐ろしいのはなんでしょう？　ミミズク、それともフクロウの鳴き声？　この2種の猛禽類はよく似ていますが、頭に羽飾りがあるかどうかで見分けがつきます（ミミズクにはあって、フクロウにはありません）。いずれも尖ったくちばし、鉤型の大きな爪、灰色の羽根、鋭い聴覚をもち、いかにも怖そうです。肉食なので小動物は警戒が必要ですが、人間を攻撃することはなく、害はありません。

それでも、この美しい鳥には人を不安にさせるものがあります。なにしろ、目に見えないものを見分け、表にはあらわれない考えを読みとることができるといいますから。ギリシア神話に登場する知の女神アテナは、なかよしのフクロウに助言を求めていたとか。人間は自分が考えていることを知られたくありません。フクロウやミミズクは魔女のアシスタントだと恐れられていたので、なおさらです。納屋の扉にこれらの鳥を釘で打ちつけて、お祓いをすることもありました。鳴き声が聞こえたら、大急ぎで火に塩を投げ入れなくてはなりません。

魔女のご機嫌をとろうと、これらの鳥たちは主人より先に目的地の下見に行き、子どもたちの血を吸うのだとか（これは、自分のため）。不吉な評判の最たるものは、瀕死の人がいる家を離れようとしないことです。

Chantecler

(4)

La Chouette

コウモリはカワイイ!?

翼手目、一般にはコウモリと呼ばれる生きものに害はありません。それどころか、農作物を荒らす昆虫を追い払ってくれます。ルネサンスの時代、レオナルド・ダ・ヴィンチはコウモリに着想を得て、飛行機の前身を構想しました。しかし、その奇怪な外見、夜行性、頭を下にして眠る習性、まったく音を立てない行動などから、コウモリに嫌悪感や恐怖を抱く人は多く、悪魔と結びつけられることが多かったため、20世紀初めまで虐殺の憂き目にあいました。お祓いをするときは、納屋の扉にコウモリを打ちつけるのだそうです。

ローマの時代から、すでに悪魔とコウモリの関係は指摘されていました。そもそも悪魔は、コウモリを彷彿させる翼のある姿で描かれています。魔女はコウモリが大好きで、ペットにしたり、宴席のおいしいご馳走にしたりしていました。日の光を嫌い、夜に獲物を狩るコウモリはサバトに欠かせない動物で、魔女に新鮮な血を提供したといいます。血を吸うので「吸血鬼」とも呼ばれますが、蚊のように人間の血を吸うことはありませんので、ご安心ください。

Halloween

No. 858

不吉なヘビ

音も立てずに近寄ってくるヘビは裏切り者。神さまから禁じられていたにもかかわらず、イヴは知の木に実るリンゴを齧(かじ)るようヘビにそそのかされ、罪を犯します。そのため人間は楽園を追われ、地上に生きる苦しみを味わうことを余儀なくされるのです。

多くの絵画で、ヘビがリリスの体に巻きついているのをよくみかけます。伝説で子どもをむさぼり食うといわれるこの魔女は、時を同じくして土から創られたアダムの最初の妻。そして、悪魔は魔女が執りおこなう儀式に立ち会うときなど、まちがいなくヘビの姿をしていました。

しかし、ヘビにはだれもがうらやむ美点もあります。それは脱皮。皮膚が生まれ変わり、ふたたびみずみずしい若さを取りもどすのです。ヘビは、健康の象徴でもあります。アポローンの息子、医学の神でもあるアスクレピオス(ローマ人は、アイスクラピウスの名で呼んでいました)は、手にした杖に大きなヘビが巻きついていることから、医術の象徴になりました。

ENVIE
La Vipère

女神さまは魔法使い

古代エジプトの女神イシスは、魔法でオシリスを救ったことで知られています。オシリスはイシスの夫ですが、兄でもあり、ヌトとゲブのあいだに生まれました。オシリスは慈悲深く教養ある王でしたが、それが弟セトの敵意を買います。砂漠の神セトは王になったオシリスを妬み、巧妙な陰謀を企んだのです。祝宴の最中、セトはオシリスに立派な棺を見せ、ぴったり収まった人にこれを贈ると告げました（棺はオシリスの体の寸法にあわせて作られていました）。なにも知らないオシリスがなかに入ると、セトはすばやくふたを閉め、ナイル川に投げ入れます。イシスは、勇敢にも行方のわからなくなった夫を探しに出かけ、ビブルス（レバノン）で棺を見つけます（棺は地中海まで流れていったのです）。オシリスはすでに亡くなっていましたが、イシスは夫を生き返らせるのに成功し、その後、生きているあいだに息子ホルスが誕生します。しかし、どうにも怒りのおさまらないセトは、兄の死体を14に切断してばらまきます。夫の体をもとに戻そうとするイシスを手伝ってくれたのがネフティス（姉でセトの妻）、アヌビス（ネフティスとオシリスの不倫により生まれた子）、ホラスでした。見つけ出した13の断片（性器は魚の餌食になっていました）をアヌビスがパピルスにくるんだことで、オシリスはエジプトで最初のミイラになります。

魔女イシスは、夫を完全によみがえらせることはできませんでしたが、冥界の王にしたのです。

ISIS et OSIRIS
3. Complainte d'Isis
PRODUITS LIEBIG:
facilitent le travail culinaire.

愛の殺し屋

ギリシア神話に登場する魔女メデイアは、コルキスの王アイエーテスと、ニンフのエイデュイア（オケアノスの娘）のあいだに生まれます。母方の祖先のおかげで、メデイアには強い魔力があり、女神ヘカテに仕える巫女でもありました。コルキスでは、竜が金の雄羊を護っていましたが、イアソンと仲間の船乗りがアルゴー船に乗って羊を奪いに来たことで、メデイアの運命は変わります。

イアソンにひとめ惚れしたメデイアは竜を眠らせ、弟アプシュルトスを殺して海にばらまき、アルゴー船を追う父アイエーテスの行く手を阻んだのです。こうしてメデイアはイアソンと結ばれ、ふたりの子どもを授かりました。望むものを手に入れたのです。しかし、イアソンの叔父ペリアスは横取りしたコルキスの国を返そうとしなかったため、メデイアは奸計（かんけい）をめぐらし、娘たちに父ペリアスを殺害させようとします。

メデイアとイアソンはコリントスに逃れます。ところが、なんということでしょう。イアソンはメデイアを厭い、コリントス王クレオンの娘グラウケと結婚するのです。この裏切りにメデイアの怒りが爆発。呪いのドレスがグラウケとクレオンを焼き尽くします。さらに、夫への復讐のため、自分の子どもまで手にかけて……。この子殺しの罪は、今なお人びとの心に焼きついています。しかし、メデイアは不死の身となり、その後も竜の牽（ひ）く翼のある車に乗って、わが道を行くのです。

LA SPEDIZIONE DEGLI ARGONAUTI.
5. Medea consegna a Jasone l'erba magica.

魔女キルケ

キルケは死の女神。変身の魔法で有名です。従順でおとなしい動物に変えたオオカミやライオンを、館でたくさん飼っていました。ライバルだった美しいスキュラは、キルケの手にかかり、恐ろしいモンスターに。こうして、キルケは望んでいた海神グラウコスを横取りするのです。また、キルケの求愛を拒んだピークス王は、魔法でキツツキに変えられてしまいます。

ホメロスの詩によれば、キルケが住むアイアイエー島に上陸したオデュッセウスが偵察に遣わした部下は、キルケに歓迎のぶどう酒を飲まされ、豚に変えられたのだそうです。オデュッセウス自身は、ヘルメス神からもらった解毒剤のおかげで、キルケの魔の手を逃れることができました。そうして、部下をもとの人間にもどしてもらい、1年間キルケとともに暮らします。この短い期間に、ふたりの間に何人も子どもが生まれました(子どもの数や名前は、物語の作者によって異なります)。

キルケをテーマとした物語や絵画は数知れません。原型はギリシア神話で、それをローマのホメロスやヘシオドスが取り上げました。ギリシア神話では、太陽神ヘリオスとオケアノスの娘ペルセイスの娘として描かれています。メデイアは、弟アプシュルトスを殺害したのち、イアソンとともに叔母キルケに助けを求めました。ローマの時代には、月の女神ヘカテと、ヘリオスの息子アイエーテスとの間に生まれた娘とされました。サルマタイ人の王と結婚したキルケは、夫を毒殺したのち無人の島に逃れたといわれます。

バーバヤガーにご用心！

ロシア民話に登場するバーバヤガーは、肉のない骨だけの脚をした老婆。細い体にもかかわらずすばしっこくて、右手にもった杵を舵代わりに、魔法の臼に乗って空を飛び、左手にもった銀のほうきで、移動した跡を消すのだそうです。幸い、激しい風のために木々があげるうめき声や、お供の精霊が立てる音で、近づいてきたらすぐにわかるといいます。痩せこけていても大変な食いしんぼうで、好物は小さな子どもたち。臼に乗ったままむさぼり食うのですが、大きな口は地面まで届き、地獄の入り口に達するといいます。物語によっては、バーバヤガーには子どもがいるそうです(娘の数は41人！)。

とはいえ、ふだんは森のなかで独り住まい。家は巨大な2本の鶏の脚の上に建っていて、移動もできます。ロシア風のあばら家のまわりには人間の骨が柵を作っていて、てっぺんには頭骸骨が眼窩を光らせています。ときには、継母にいじめられる娘ワシリーサのように、勇敢にもこの家を訪れてくる人も。ワシリーサは魔女が自分を閉じ込めようとしているのを知って逃げ出しますが、バーバヤガーは家来である3人の騎士(白い騎士は朝、赤い騎士は昼、黒い騎士は夜)にあとを追わせます。物語の最後で、ワシリーサはこっそりもってきた眼の光る頭蓋骨に助けられ、意地悪な継母たちをやっつけるのです。

バーバヤガーが困っている人を助けるバージョンもあります。

魔女、それとも親切な妖精？

わたしたちの想像力をかきたてるベファーナは、イタリアに伝わる典型的な魔女！　ひどく年をとり、鉤形に曲がった鼻に、ぼろの服を着て、先の尖った帽子を被り、ほうきにまたがって出かけるのです。でも、普通とちょっと違っているのが、いつも陽気に笑っていること。親切で、とてもやさしい心の持ち主です。

東方の三博士がキリストのもとへ礼拝に訪れる公現祭（1月6日）の前の晩、イタリアでは、ほうきに乗ったベファーナが街や村の上を飛びまわり、子どもたちが準備した靴下のなかにおいしいお菓子を詰めていきます。でも、いい子にしていないと、靴下には炭が入っているので注意すること。とはいえ、見た目はおっかなくても善良な妖精さんが意地悪をするとしてもこれぐらいですからご安心ください。カトリックの教えでは、ベファーナは砂漠で出会った三博士に、ベツレヘムへ行く道を教えたのだとか。でも、いっしょに行かなかったのを後悔して、幼子イエスのためにお菓子と贈りものをかごに詰めて準備したのだそうです。魔女がふたたび三博士に会うことはありませんでしたが、今でもベファーナはほうきにまたがって、子どもたちにお菓子を配り続けているのです。

PANCIALLE
TORRONI
Confetti

神さまのライバル

聖書で魔術の使用やオカルト学は禁じられていますが、その存在や効果を否定したことはありません。超自然の力に頼ることは、唯一全能の神であるキリストにすべてを捧げるという、キリスト教の大原則を揺るがしかねません。魔法の使用は神の力を疑うことにつながり、決定に異議を唱えたり、ほかに加護を求めたりする結果を招くでしょう。実際、人は神に匹敵するか、それ以上の力を魔術師に付与しました。最悪の場合、常に犠牲者を求めている堕天使の悪魔に身をゆだねる危険も。占い、予言、磁気学、祈祷、死者との取引き、催眠術、霊媒、偶像崇拝……いかなる手法に手を染めようと変わりはありません。聖書は白魔術と黒魔術を区別していないのですから。たとえ善行であるように見えたとしても、信仰の妨げになります。

こうした服従は、聖書の時代にはそぐわないものでした。超自然の力に対する信仰は、階層を超えて人びとをひとつにします。王ですら、専属の魔法使いに相談することなく行動することはありませんでした。旧約聖書で、神は民にこう告げています――「あなたが、あなたの神、主の与えられる土地に入ったならば、その国々のいとうべき習慣を見習ってはならない」。

『聖書　新共同訳』日本聖書協会

N° 12

« Retire-toi, Satan ! » MATTH., IV, 10.

死者をよみがえらせる

預言者サムエルに選ばれて、サウルはイスラエル王国初代の王になります。ペリシテ軍に攻囲されたとき、サウルは今後の行動について神にお伺いを立てますが、答えはありません。仕方なくサウルはエンドルの女魔術師を訪ねます。サムエルの霊を呼び出して、助言や預言を求めたのです。

これが、古代の降霊術のはじまりでした。こうした魔術をおこなう人は、バビロンのペルシア人のあいだにもいましたし、ギリシア神話でも描かれています。人びとから敬われ、助言を求められた降霊術師たちは、次第にキリスト教から恐れられ、排斥されるようになります。すでに聖書では、降霊術に伴う危険について、不吉なメッセージを携えたサムエルの出現が語られています。スピリティズム、シャーマニズム、ブードゥー教に至るまで、いずれも儀式で降霊をおこないます。こうして呼び出された死者にお伺いを立て、計画が達成できるよう、または達成のじゃまをするよう頼むこともありました。降霊術の心得のある者のなかには、死者を思いのままに動かし、悪をなすことのできる人がいたそうです。

La Magicienne d'Endor

異端、万歳！

1231年、グレゴリウス9世が設置した異端裁判所は、魔女を罰することが目的だったわけではありません。カトリックの教義から新たな信仰が台頭しつつあった時代に、教会が力を維持する目的で異端の排斥を始めたのです。当時、異端とみなされた宗教はたくさんあり、教皇、ひいては神の権力を脅かしていました。例えば、カタール派はラングドック地方を中心に広まり、フランス国王にとって悩みの種でした。そのうえ、教会は地方の領主が支配力を拡大し、利害のからむ司法におよぶことを危惧していたので、封建君主の権利を制限する目的で、教会独自の司法機関を設立することが必要だと考えたのです。こうして1326年、ヨハネス22世は勅書『スーペル・イリウス・スペキュラ』を発し、魔術を異端に認定します。異端審問官は、悪魔と結んだ契約に基づき、魔術を実践した人物を告訴する命を受けました。

その後、カトリックの勢力拡大をもくろんでイベリア半島からアラブ人を排除したレコンキスタののち、15世紀末にスペインの異端裁判所は、改宗を望むユダヤ教徒やイスラム教徒までも攻撃の対象に加えます。王に任命された異端審問官たちは、これらの人びとを次々と火あぶりに処し、とりわけ財産没収を目的として富裕な人びとを迫害しました。もし魔術をおこなっていれば、被告の立場はいっそう危ういものになったのです。

33 Un sorcier conduit au bûcher. XIIIme Siècle.

Een toovenaar wordt naar den brandstapel geleid (XIIIe eeuw).

いつでも有罪

16世紀から17世紀にかけて、魔女裁判が猛威をふるいます。この時期、管轄したのは宗教裁判所ではなく、民事裁判所です。これは、裁判所が公平の精神で対処したことを意味するものではありません。そのやり方は、かつての宗教裁判そのままでした。それにしても、悪魔と結託し、教会と国家に対する反逆を企てているという非難はどこから来たのでしょうか？

ひとつは、被告が共同体になんらかの損害をもたらした超本人であるとして、責任を転嫁するもの。旱魃（かんばつ）、伝染病、不作などが口実になりました。また、個人的な仕返しが理由であることも。当然、被告の罪を証拠とともに示すことは難しくなります。疑いをかけられれば、みずから無実を証さなければなりません。告発された人の多くは、熱湯をかけることによって罪の有無を調べられました。こうすることで神の判断が得られると考えられ、この試練を無事乗り越えた人は無実とされました。また、川に沈められて水の外に出てしまう人は有罪です。証拠がなく、強情な人は拷問にかけて自白を得ました。いずれにしても、告発された人は、処刑前に仲間の名前を懺悔（ざんげ）する必要がありました。続いてその人たちが逮捕され、裁かれたのです。こうして、ひっきりなしに裁判が開かれ、共同体は荒廃しました。ベルギーのナミュール伯爵領がその例で、人口10万人に対し、1650人が火あぶりにされたといわれます。

Strafe für böse Weiber.

ジャンヌ・ダルク：政治に利用された魔女

1431年1月9日、裁判長ピエール・コーションのもと、ルーアンでジャンヌ・ダルク裁判が始まります。ロレーヌ地方ドンレミの羊飼いの娘、ジャンヌは19歳。イングランド軍と同盟を結んだブルゴーニュ軍に戦いを挑んで勝利を収め、フランスの王位継承者を王座に導きました。しかし、囚われの身となったジャンヌに対し、そのおかげで王位を継ぐことのできたシャルル7世はいかなる謝辞も、いかなる支持も表明しなかったのです。それでもジャンヌが恨みに思うことはなく、自分の英雄的な行動はすべて天の声に従っただけだと主張し続けました。

王をランスで戴冠させるため、シノンに行くきっかけになったお告げについて、ジャンヌが語ることはなく、打ち明けたのは王に対してだけでした。戦(いくさ)では天賦の才能を発揮したオルレアンの乙女も、外交は得意でなかったようです。命さえ顧みず、みずからの信念に従い続けました。それだけではありません。罪に着せられるのを覚悟で、一貫して男の服を着用していたのです。愛国主義ゆえにジャンヌを糾弾するのは難しく、異端および魔術行使のかどで告訴するほかありませんでした。服従をかたくなに拒否するジャンヌの態度と、魔法に対する恐怖心から、男性ばかりの裁判官たちはすみやかに判決を下します。裁判はわずか5か月で終わり、5月30日、ジャンヌは火刑に処せられます。しかし1456年、シャルル７世はジャンヌの名誉回復のため、復権裁判を招集したのです。

Vie de Jeanne d'Arc
Jeanne devant les Docteurs
EDITION DE LA
CHOCOLATERIE POULAIN

魔術の政治利用

1099年、十字軍によってエルサレムが解放されます。多くの巡礼者がこの聖地に赴きますが、路上には悪党がうろついていました。巡礼者を保護するため、ユーグ・ド・パイヤンとゴドフレド・サントメールは、戦闘に従事する僧侶からなる「キリストとソロモン神殿の貧しき戦友たち」を創設。エルサレム王ボードゥアン2世から、ソロモン神殿跡の宮殿の一部を拠点として賜ります。それに他の騎士たちが加わって、1128年、テンプル騎士団が発足しました。メンバーは、白いマントの肩のところに赤い十字をつけていることでひとめでわかります。騎士団の使命は、巡礼者の保護だけにとどまりません。もともと教皇に仕えるだけでよかったのが勢力を拡大し、遺贈された財産、イングランドやフランスの王に対する貸付けの利子などが膨らんで、途方もない財産を所有するに至ります。そんなわけで、何世紀も経た今日(こんにち)なお、テンプル騎士団の失われた財宝を探してまわる人がいるそうです。

1291年、ヨーロッパに帰還した騎士団に、美男王フィリップ4世(騎士団の主要な債務者でした)は非情な戦いを仕掛けます。虐殺は逃れられても、投獄は免れません。当時、罪とされた魔術を使ったとみなされたからです。こうした行為は検証不能でした。王の圧力に屈し、1312年、教皇クレメンス5世はテンプル騎士団の解散を命じます。騎士たちは、魔女さながらに排斥され、1314年3月19日、テンプル騎士団総長ジャック・ド・モレーは火刑に処せられました。

SUPPLICE DES TEMPLIERS

歴史に残った名前

カタリ派のアンジェル・ド・ラ・バルトは、魔女狩りの最初の犠牲者。罪状は、悪魔と性的行為をおこない、生まれた子どもに赤ちゃんを食べさせていたことでした。アンジェルは拷問により罪を犯したと自白し、1275年、死刑になります。

3世紀後、ウルスラ・サウスウェルがベッドで亡くなります。魔女としては例外でしたが、それほど人びとはウルスラを恐れたのです。魔女の娘とうわさされたウルスラの恐ろしい予言（ロンドンでペストの流行、街を焼き尽くす大火災、メアリー・ステュアートの処刑）は、ことごとく当たっていました。

1628年、ロレーヌ公シャルル4世は、重い病で妻が犠牲になったとして、召使いのデボルドを告発。絞首刑になった人を歩かせたり、タピストリーに描かれた人物にダンスをさせたともいわれていて、デボルドは魔術を使ったかどで、火あぶりにされました。

カトリーヌ・モンヴォワザンは、社交界で手相を見、毒を提供していたことで有名ですが、ルイ14世の寵姫モンテスパン侯爵夫人との共謀も疑われています。黒ミサと堕胎の罪で、1680年、生きながら火刑に処されました。

アンナ・ゲルディは、1782年にスイスで処刑されたヨーロッパ最後の魔女。娘を毒殺しようとしたと雇い主から訴えられ、拷問により悪魔にそそのかされたことを告白します。自白は撤回したものの、アンナは斬首刑に。この事件が特殊なのは、2世紀後に名誉が回復されたこと。自分との関係を暴露されることを恐れた雇い主が、アンナを告発したことが判明したのです。

中世の魔女裁判

中世、うわさで魔女と疑われた女性が当局に目をつけられるには、密告するだけでこと足りました。逮捕するときは、身を護るために繰り返し祈ったのだとか。女性が魔術を実践していることを証明するには、体に悪魔のしるしがあること、サバトに行ったこと、魔法をかけたことを告発する必要がありました。被告は頭を剃られ、爪を切られ、聖水をふりかけた長衣を着せられ、食べるものは強力な浄化作用がある塩に漬けられました。初期の審問では、裁判官が暴力をふるうことはなく、告白するよう説得されますが、死刑になるのは確かでしたから、口を割るものはだれもいません。裁判官は被疑者の行動を記録し、気に入らないことがあればそれが証拠になりました。相手がだれであっても(子どもでさえ!)、証言を聞き入れ、体のどこかに悪魔のしるしがないか執拗に探します。悪魔の共犯者は痛みを感じないとされていましたから、恥部にまで針を刺して確かめました。

それでも自白が得られない場合、拷問が始まります。よく用いられていたのは、つり落としの刑です。被告を後ろ手に縛り、滑車を使ってさかさまに吊るし上げるのです。これに耐えうる女性はほとんどいません。逮捕のときからあらかじめ決められていたかのように、ほぼすべての被疑者が死刑に処せられました。広場に引きずり出され、家族の目の前で火あぶりにされたのです。

セイラムの魔女

17世紀後半、ボストンに近いセイラムの町は、対フランスとの戦争に苦しんでいました。1692年にこの地を単一植民地としたイングランド王国は、牧師に統治を全面的に任せていたので、その力は絶大でした。

ピューリタンの牧師サミュエル・パリスの家では、娘のベティと姪のアビゲイルがなかよく遊んでいました。ふたりはアメリカ先住民の奴隷ティテュバが語る、魔界のお話が大好き。ところが、ふたりの少女が突然未知の言葉を話し出し、幻覚と痙攣(けいれん)に襲われたものですから、町はパニックに陥ります。伝染病さながらに、奇妙な兆候は他の女児にも広がります。町の名士は、子どもたちが悪魔にとり憑かれていると結論づけ、だれに教えられたか言うように命じます。少女たちが告げた名前には、当時、社会から疎外されていた女性の名が含まれ、ティテュバもそのひとりでした。この告発に近隣の人びとは怯え、動揺はボストンにまで広がります。男性を含む100人ほどが尋問を受け、裁判にかけられた人が無罪になることはありませんでした。すべての人に死刑が宣告されたのです。

この騒動は1年近く続き、とうとう知事の介入にまで発展します。セイラムが受けた打撃は甚大で、日常の仕事に支障をきたし、告発をめぐる住民同士のけんかにより町は分断されました。しかし、当時すでに、セイラムの魔女裁判は茶番に過ぎないとみる人もいました。事件から3世紀経って、絞首刑になった19人の魔女の名誉が回復されたのでした。

被告は黒イヌ！

中世、カトリック教会は人間を惑わせるため、悪魔は動物に姿を変えていると主張していました。馬小屋をかたどったクリスマスの装飾に登場する牛、ロバ、羊、鳩に変身することはできなかったものの、他のあらゆる動物に姿を変えることが可能だとされ、人間と同じく神の創造物である動物もまた、罪を犯したとして裁判にかけられたものです。

告発されたのは殺人、窃盗、破壊行為で、魔術も含まれました。雄鶏が卵を産むと、魔女と共謀しているとみなされました（なかにヘビが入っている雄鶏の卵は、魔女の好物でした）。だれかの口にハエが飛びこんでくると、その人は悪魔にとり憑かれており、毛の黒いイヌはそれだけで嫌疑の対象に。人の言葉をしゃべるオウム、巨大な角をもつ雄ヤギ、悪魔のようにすばしっこいイタチも油断がなりません。伝染病や説明のつかない自然災害が起こると、たちまちこれらの動物に罪が着せられました。ネコは魔女のなかのよい友だちなので、当然、裁判所行き。畑を荒らすバッタから地下の貯蔵庫を食い尽くすネズミに至るまで、ことごとく追放の憂き目にあいました（もちろん、欠席裁判です）。釈放されることはめったになく、人間同様、生きながら火あぶりにされたのです。

マクベスに登場する魔女

劇作家ウィリアム・シェイクスピアが創造した魔女は、演劇界だけでなく想像力の世界にまで強い影響を残しました。『マクベス』には、ひげを生やした醜い3人の老婆が登場し、大鍋のまわりに集まって、この世のものならぬ食材を熱心にかき混ぜています。

シェイクスピアは、1623年当時の魔女のイメージに基づいてこの場面を書きました。この少し前、ジェームズ1世は悪魔学に関する本を出版し、魔女や妖術師について「恐るべき悪魔の奴隷」と書き残しています。1590年、スコットランドで最初の魔女狩りがありました。告発された人（男性も女性もいました）が約100人にのぼったノース・バーウィックの魔女裁判は2年続き、拷問により自白が強要されました。ジェームズ1世自身も被告のひとりを尋問し、アグネス・サンプソンは火刑に処せられます。

このエピソードからも、魔女に対する人びとの憎しみがよくわかります。「二倍だ二倍、苦労と苦悩、ごうごう燃えろ、ぐつぐつ煮えろ」と、使命に燃えるマクベスの魔女たちは自分を奮いたたせます。ギリシア神話の月の女神ヘカテのもと、3人は伝統的に悪魔や亡霊の仕業だとされてきたことを実行するのです。しかし、3人の魔女はマクベスが犯した罪には関与していません。運命を伝達する使者として、来るべき出来事の残酷さを想像し、喜びにうち震えながら、主人公の求めに応じて未来を告げるのです。

『マクベス』（松岡和子訳、ちくま文庫）

MACBETH. 1. Les sorcières prédisent à Macbeth qu'il sera roi.
VÉRITABLE EXTRAIT DE VIANDE LIEBIG.

悪魔が通る道

13世紀のゴシック式大聖堂（カテドラル）の屋根にある怪獣などをかたどった雨水の吐水口、ガーゴイルが最初に取りつけられたのはフランスのラン大聖堂だと、歴史家は考えています。この奇怪な彫刻は、雨水を壁からできるだけ遠くに流すことで、建物が劣化するのを防ぎました。宗教的な彫像に課される厳格な規格を満たす必要がなかったため、作者は想像力を最大限発揮して、これらの彫像を制作します。

ガーゴイルは、現実の動物と空想上の動物が等しく登場する中世の説話に着想を得ています。その後、より装飾的で、象徴性が強く感じられる、幻想的で恐ろしげなギリシア神話の伝説の生物キマイラの形をとるようになりました。その目的は、悪を遠ざけること（悪が近づくと、ガーゴイルは吠えるのだそうです）。神の家である教会を護ることで、教会が体現する善を保護しているのかもしれません。

パリのノートル・ダム大聖堂のガーゴイルは美しく、印象的なことで有名ですが、造られたのは13世紀ではなく、19世紀。ウジェーヌ・エマニュエル・ヴィオレ＝ル＝デュックの作です。この人は、フランスの歴史的建造物改修の大家でした。

悪魔祓いの呪文、ヴァデ・レトロ・サターナ！

今日、悪魔に憑かれていると感じても、絶望する必要はありません。カトリック教会には悪魔祓いの術があり、司教から一時的に権限をあたえられた司祭がことにあたります。

しかし、教会は不認可の悪魔祓いをしないよう喚起し、報酬を支払うことを禁じています。寄生と憑依は区別されるので、ご注意ください。寄生の場合、悪魔は意思を変えられますが、魂は自由です。一方、憑依になると、犠牲者はあらゆるコントロールがきかなくなります。最も手に負えない挙動が起きるのはこのときで、恐怖映画などでもおなじみです。

悪魔祓いの司祭は、患者を祈りと信仰に導きます。異教の実践または信仰は、容易に悪魔の餌食になるからです。古代の昔から、人間は悪魔を遠ざけることに心をくだいてきました。その悩みから解放されようとして、一種の魔法を使うことさえあったのです。手を信者の頭の上に置く按手、お清め、燻蒸、おまじない、生贄……。ひとりの人が複数の悪魔にとり憑かれることがあるため、儀式をつかさどる人は、それぞれの悪魔の名前と目的を知る必要があります。儀式は数時間にわたりました。常に結果が得られるとは限りません。悪魔に憑かれていると名乗りをあげた人は精神障害を伴っていることが多く、また、つい最近まで医療による治療が期待できなかったため、なおさらです。

悪魔の名のもとに

神の敵になる以前、悪魔は天使でした。今では堕天使のリーダーとして、地上に悪と誘惑の種をまいています。

悪魔を称え、仕えることは善のためにならず、教会と対立することを意味しました。田舎では、悪魔のもとに嫁いだのが魔女だとされています。悪魔の所業(憑依、呪縛、黒ミサ、サバト等、悪魔との取引きとみなされるあらゆること)に手を染めたと非難されれば、たちまち魔女裁判の対象になり、死刑が宣告されます。悪魔に身を捧げようと決めても、だれかに打ち明けることはありません。

20世紀初め、英国人アレイスター・クロウリーは闇のプリンスとして知られていました。みずから悪魔の生まれ変わりで「大いなる獣666」だと名乗りますが、黒ミサをおこなう場合でも、その悪魔主義はおのれの欲求を満たす範囲にとどまります。とはいえ、ドラッグを大量に摂取し、奔放な性生活に身をゆだね、社会を動揺させました。世界中をわたり歩き、1947年、72歳のときに心臓発作で亡くなります。

1966年、米国人アントン・サンダー・ラヴェイはサタン教会を設立し、この年をサタン元年と位置づけました。3年後に『サタンの聖書』を出版し、毎週金曜日の夜にオカルトに関する講義を開催したほか、悪魔による洗礼や葬儀を公然とおこないました。精神主義が復活していた時代にあって、アントンの活動は社会から大目にみられたのです。

こうした悪魔信奉のセクトは、信者の数こそ限られますが今も存在し、活発な活動を続けています。

Enfin je me repose!

悪魔との契約

16世紀ドイツには、ヨハン・ファウストなる学者が実在しました。町の広場にあらわれて、占星術や黒魔術をおこなっていたペテン師で、なんでも悪魔の代表メフィストフェレスと契約を交わしていたとか。神学の博士の場合と異なり、異端の博士になることがどのようなリスクを伴うか、ファウストの例はよく示しています。しかし、当時、宗教的権威が研究に課していた制限のため、科学の発展は行き詰まりをみせていたことは事実です。

その後、新発見の相次いだルネサンス期に、人びとの精神は解放されます。悪魔と契約を結んだ魔術師は、不確かな運命の残酷さに苛まれる人間として、伝説や人形劇に取り入れられます。

19世紀になると、ヨハン・ヴォルフガング・フォン・ゲーテにより、ファウストは学識豊かな老人として生まれ変わります。戯曲の主人公は究極の真実がみつからないことに絶望し、真実の探求に若さを捧げた人生の虚しさに身を苛まれています。メフィストフェレスはそんな老人を罠にかけ、悪魔に魂をわたせば若さを取りもどせるとささやきます。同意すると、これまでとは打って変わった人生が目の前に開かれ、ファウストは無垢な娘グレートヒェンを誘惑したのち、捨てるのです。けれども、そんな悪魔はだれの心のうちにも存在するのではないでしょうか。

今日、悪魔の存在を信じる人は少なく、作品のなかで悪魔に魂を売った博士の精神的葛藤はいくらか脇に追いやられています。むしろ、さまざまな心の衝動のあいだで苦しみ、もがく人間の姿が描かれているといえるでしょう。

LA DAMNATION DE FAUST, DE BERLIOZ. 3. Songe de Marguerite.
Méphistophétès: "Esprits des flammes inconstantes, 'Accourez! j'ai besoin de vous."
VÉRITABLE EXTRAIT DE VIANDE LIEBIG.

不幸をもたらすもの

迷信は、ふだんの生活で実践できるお手軽な魔法です。鏡を割ると、不幸が7年続くという厳しい罰を受けますが、古代、鏡は占いに用いられたため、この貴重な小道具を壊すことは縁起が悪いと考えられました。また、会食のとき、テーブルについているお客の数を慎重に数えるようにいわれるのも、13人いたら、居あわせた人のだれかが不幸になるからです。これは、イエスが12人の使徒とともにとった夕食の席で、ユダの裏切りが告げられる最後の晩餐に基づいています。ほかにも、テーブルについたとき、パンをさかさまに置くと悪魔の注意を引き、塩をひっくり返すと不幸な目に会い、カトラリーを交差させて置くと家に悪いことが起きるなど、いろいろあります。13日の金曜日は、とくに嫌われます。北欧の伝説で、魔女は金曜日にサバトを開くとされたのが由来です。この日は、新しい服を着るのを避けたほうがよいでしょう。

慎重な行動を求める迷信もあります。はしごの下をくぐらない、家のなかで傘を開いたりベッドの上に置いたりしないなどです。

迷信によく登場するネコは、国によって意味が異なります。ヨーロッパで黒ネコは悪魔の仲間とみなされ恐怖の念を起こさせますが、中国では悪霊を遠ざけるといわれます。

将来、なにか悪いことが起きないかあらかじめ知るために、トランプ占いに頼ることもあります。黒のスペードは不吉です。いかなる災難が起こらないとも限りません。

13

幸運を招くもの

ひと晩気持ちよく眠ろうと思ったら、パジャマのズボンを右からはくこと！　幸運を呼ぶしぐさの多くはいささか古めかしくて、ほほえましいものばかりですが、それでも試みる人はあとを絶ちません。

信じるにしろ、信じないにしろ、不幸を招かないよう加護を求めるのは当然です。難しいことではありません。願いをかけながら木片（できれば十字架）に触れる、蹄鉄をドアに掛ける、水兵が被るベレーの赤い房に触れる、ピンをみつけたら拾う……、そんなことでじゅうぶんです。四つ葉のクローバーをみつけたら、虹が消えてゆくのを目にしたら、テントウ虫が飛び立ったら、すでに幸運がこちらに向かっているといってよいでしょう。うっかりへまをしても、不運をよい兆候に変える奇跡を起こすことは可能です。例えば、白いコップを割る、左足で犬のふんを踏む、塩の代わりに砂糖を入れる、ナイフを落とすなど、試みてはいかがでしょう。

動物たちもおまじないの役割を果たします。中国やドイツでブタは豊かさを象徴するため、新年のカードによく描かれます。恐ろしいクモも殺してはいけません。不幸を招きます。基本的に、生きものは幸運を呼びますから、コオロギを踏みつぶすのもダメです。不穏な物音がするとすぐに鳴き止むこの昆虫は、それによって家を護っているのです。

Bekannt ist allerwegen
Dein Streben Fleiſs und Müh'n,

Mag deshalb Dir der Segen
Jm reichsten Maſse blüh'n!

魔除けのおかげで

人類は、悪霊を遠ざけておこうと常に頭を悩ませてきました。魔除けやおまもりを携えるのはよい方法です。いずれも木、金属、石、布、皮などでできていて、文字が書かれている場合とない場合がありますが、時代や国によってじつにさまざまです。ただし、おまもりがその人を護り、チャンスを呼び寄せる役割にとどまるのに対し、魔除けはなんらかの力を授けてくれる点が違います。例えば、悪魔と交信する力は、十字架や逆さにした五角の星形を振りかざすことで得られます。

おまもりでも魔除けでも、どんなものでもよいわけではありません。素材、形、書かれている言葉など、目的に応じて、それぞれ象徴的なしるしがついています。月のイラストであれば、恋愛面でよいことがありますし、土星のイラストは勉強面で効力を発揮します。ダイヤモンドを身につけていればパワーが、エメラルドなら自信が、トパーズならアイデアがどんどん湧いてきて、真珠の場合は健康でいられます。

おまもりや魔除けの力に頼るときは、象徴しているものを知り、それに集中するとよいでしょう。すでに効果のあった人からもらえるのなら、それに越したことはありません。

TALISMAN
TALISMAN

映画のなかの魔女たち

中世以来、魔女に熱を上げる人は絶えません。数多くの映画がそれを証明しています。映画に登場する魔女は、悪い人でも嫌な人でもありません。米国の『イーストウィックの魔女たち』(1987年)でわかるように、女性にとって、魔女は自立した憧れの女性でもあるのです。

宮崎駿のアニメ映画『魔女の宅急便』(1989年)のキキには、みんなメロメロです。フランス・ベルギー・ルクセンブルクのアニメ映画『キリクと魔女』(1998年)で、キリクが追う魔女のカラバは決してやさしくはありませんが、孤独のなかで毅然とした態度を貫き、人の心を打ちます。

とはいえ、今でも魔女が登場する映画の大半は、観る人の血を凍らせ、不安を募らせる恐ろしいホラー映画。1922年公開のデンマーク・スウェーデン映画『魔女』は、ドキュメンタリーの手法を交えて各時代の魔術について考察し、新たなジャンルを切り開きました。ハマー・フィルム・プロダクションズが1966年に制作した一連の作品は、英国ホラー映画のクラシックとして名を残しています。映像美で知られるダリオ・アルジェントは、1977年に『サスペリア』を制作し、映画ファンを熱狂させます。香港のチン・シウトン監督の『サイキックSFX/魔界戦士』(1986年)は、恋と冒険と魔法の物語。2012年の『ダーク・シャドウ』で監督を務めたのは、ティム・バートンでした。同じ年、ジュリア・ロバーツが『白雪姫と鏡の女王』で邪悪な女王の役を演じています。

魔女はあらゆるジャンルの映画を網羅する、じつに才能豊かな存在なのです。

人びとに愛された魔女

1960年代初め、ドラマ『奥様は魔女』を見るために、家族全員がテレビの前に集まったものでした。魔女のサマンサは広告代理店に勤める人間の男性と結婚し、「魔法は決してつかわない」と約束します。しかし、そこにはさまざまな困難が待ち受けていました。とりわけ、結婚に反対だった母親エンドラは、ふたりのじゃまばかりします。この人気テレビドラマは、米国でもヨーロッパでも大成功を収めます。ぞっとするようなシーンなど皆無の、ユーモア溢れるコメディです。

同じころ、『アダムス・ファミリー』もドラマ化されました。ほんとうは目立たず、ひっそりと暮らしたいのに、不気味なものやいたずらが大好き。そんな魔法使いのアダムス一家の日常が描かれます。

1996年になると、16歳の若い魔法使いが米国のドラマに登場。『サブリナ』のヒロインは魔女の修行中。もと人間だった黒ネコとは大のなかよしです。その少しあとに始まった『チャームド～魔女3姉妹～』は、ティーンが夢中になって見ました。このハリウェル家の3姉妹はサブリナより年上で、お話も少し辛口。当時、若者たちは魔女3人が困難に立ち向かう姿に共感し、お手本にしたものです。

サバトを描いた絵

魔女はその美しさで人を死に追いやるのでしょうか？　それとも、嫌悪を抱かせるのでしょうか？

古代の絵では、人びとを魅了する魔女の美しさが強調されています。例えば、フレスコ画や陶器に描かれているキルケ。その妙なる美に抵抗できなくても、不思議ではありません。魔女は人びとを恐怖でおののかせると同時に、敬意を抱かせもするのです。

中世になると、尊敬の念に代わって、伝統的な魔女のイメージが支配的になります。年老いて醜く、ほうきにまたがった、あのイメージです。火刑に処せられる魔女の絵もよくみかけ、なかでも15世紀の細密画のジャンヌ・ダルクは有名です。

16世紀から17世紀にかけて、フランス・フランケン、ダフィット・テニールスをはじめとするフランドルの画家は、サバトをテーマに、善良なブルジョワ風の魔女を描きました。

18世紀末には、フランシスコ・デ・ゴヤが奇跡を起こします。スペインではまだ異端裁判がおこなわれていたその時代、教会の権力を意に介することなく、悪名高き18世紀啓蒙思想を標榜するゴヤを、聖書者たちは敵視しました。作品にはやせ細った女性や骨と皮になった赤ん坊が登場し、「魔女の夜宴」もそのひとつです。また、好色な雄ヤギ、顔のゆがんだ怪物、みだらな裸体を描いた連作版画「ロス・カプリチョス」でも知られています。もしかしたら、人間は魔女に勝るという幻想を、この画家は皮肉とともに超越していたのかもしれません。

日常的な魔法

古代エジプトでは、人の生と死にかかわるあらゆる出来事に魔女が関係していました、秘密もタブーもありません。神々のお気に召してもらうには、超自然の介入が必要だったのです。神さまに取り入ることこそしませんでしたが、エジプト人は神のご意志によりもたらされるあらゆる災厄から身を護ろうとしていたことは確かです。

基本的に魔術師になれたのは、文字を書くことのできる特殊技能を備えていた司祭や書記でしたが、それだけに限りません。子どもを護り、病気を治し、ヘビやサソリや悪魔を追い払うには、魔術の使える薬草にくわしい男性や女性の力が必要でした。これらの人びとは、なぜこのような自然現象が起きるのかわからないがゆえに、将来に対して不安を感じずにいられない民衆を安心させることができたのです。それには、おまもりやマスコットや呪文の書かれたパピルスや石碑や彫像など、具体的なものが必要でした。考古学者たちは、すでにその証拠を発見しています。

司祭は、死後の永遠の生という重要なポイントを担っていました。亡くなった人をミイラにするのは、審美的観点からではなく、黄泉(よみ)の国への旅路を準備する一過程だったのです。ミイラにすることで、肉体は腐敗を免れることができます。口を開けておくのは、息をして、食事をとることができるようにという配慮からです。魔術の実践は、人間と神と死という3つの世界が分かちがたく結びついていることを証しているのです。

L'ALCHIMIE

1. — L'« art sacré » dans l'Egypte ancienne

ケルトの僧たち

ケルトの社会では、祭司であるドルイド僧が重要な地位を占めていました。文献は残されていませんが、発掘作業によりその存在は証明されています。ドルイド僧が果たした役割と実践については、アイルランドの伝説とラテン語による文献が有力な証拠です。ユリウス・カエサルは、『ガリア戦記』のなかで敵の風俗について、自分が知っていることを書き残しています。

ガリア地方や他のケルト諸国がローマ化される以前、ドルイド僧は内部で勢力争いを繰り広げていた聖職者階級を支配していました。キリスト教の聖職者階級に属し、神々と特権的な関係を結んで、予兆や予言を告げたのです。このような行為には、ときに生贄(いけにえ)を伴うこともあったとか。ドルイド僧の判断や決定には揺るぎのない価値が置かれ、それに逆らおうものなら、共同体から追放の憂き目にあったものです。ドルイド僧は植物を使った医術に長け、なかでも、ケルト人が普遍的な効果があると信じていたヤドリギの収穫は、大切な儀式でした。歴史家たちは、これらの僧が秘薬をこしらえ、呪文を唱え、外科手術をおこなっていたと想定しています。

また、ドルイド僧は司法にも介入し、個人的な争いだけでなく、部族間の武力抗争にも影響力を発揮しました。部族のリーダーといえども、ドルイド僧に相談なくことを進めるのは不可能だったそうです。

ドルイド僧になるのは大変難しく、だれにも知られないようにして、長いあいだ修行を積む必要がありました。

CHICORÉE BLEU ARGENT

ARLATTE & Cie — CAMBRAI

3

LA RÉCOLTE
DU GUI.
*Jour de l'An
chez les Celtes.*

伝説に満ちた国

アイルランド、スコットランド、ウェールズ、ブルターニュに伝わるケルトの神話や伝説は、民族共通の想像力に基づいていて、そこでは魔法が主役です。ケルト人はなによりも聖なる植物、「金の枝」と呼ばれるヤドリギに敬意を払っていました。当時はまだ寄生植物であることがわかっておらず、1年を通じて緑のままで、冬に花を咲かせるため、人びとは不思議に思ったものです。魔法の効果を高めるには、オークの木に宿っているものを収穫するとよいそうです。めったになかったので神聖視され、祭司ドルイド僧は病を治す秘薬に用いました。

ヤドリギの効能は、ほかにもあります。亡霊の姿が見えて、話ができるのです。また、悪霊を追い払い、魂を清めるはたらきがありました。ケルトには、妖精がたくさんさまよっていたので、護ってくれるものが必要だったのです。例えば、アイルランドに住むディアーグ・デューは望まぬ結婚をして亡くなったのち、復讐を誓う吸血鬼になりました。美しい赤毛のリャナン・シーは、男性を誘惑して芸術的才能を開花させてくれますが、その人は精気を吸いとられ、早くに亡くなります。死を告げる「嘆きの妖精」バンシーは、ときにフクロウの姿であらわれます。バンシー自身が人を殺すことはありませんが、血の凍るような恐ろしい声で鳴きます。

妖精たちは、ブルターニュ人がアヴァロンと呼ぶ、もうひとつの世界に人間を連れてゆきます。この平和な王国は、魔女モーガン・ル・フェと妖精たちが治めているのです。

PALMIN
KUNSTDRUCKEREI KÜNSTLERBUND KARLSRUHE

波乱の魔術師マーリン

ディズニー映画でもおなじみの魔法使いマーリン。ウェールズの伝説に登場するマルジンがモデルで、とくにフランスのブルターニュ地方で人気があります。教養豊かな預言者で、魔術師でもあるマーリンは、アーサー王伝説では円卓の騎士のよき相談相手だったことで知られていますが、それも数々の冒険のひとつに過ぎません。

悪魔にだまされたうら若き乙女の子、マーリンは生まれたときから毛むくじゃら。子どものころから、その賢さと学識で人びとを驚かせたといいます。しかし、マーリンの人生は楽しいことばかりではありませんでした。その生涯で、狂気にとらわれることが幾度もあったからです。

マーリンの活躍の場は森。最初はグレート・ブリテンをこよなく愛していましたが、次いで書記のオオカミ男ブレーズとブルターニュのブロセリアンドの森へ難を逃れます。マーリンは動物の言葉がわかるといわれ、シカやハイイロオオカミ、イノシシやクマなど、森の動物たちとなかよくなりました。占星術に詳しかったほか、建築術にも長け、一説ではストーンヘンジの巨石はマーリンの作だとか。

とはいえ、弱点がないわけではありません。女性にはまったくかなわないのです。アーサー王伝説のなかで、ヴィヴィアンに恋したマーリンは、この妖精を誘惑しようとして、うっかり魔法を教えてしまいます。秘密を手に入れたヴィヴィアンは、これを使ってマーリンを閉じこめてしまうのです。

LES LÉGENDES POPULAIRES - Merlin l'Enchanteur

ヨーロッパの妖精たち

中世ヨーロッパの民間伝承に登場する妖精は、とても人気があります。妖精には、いくつもの美点があります。若くて美しく、背中の羽で空を飛び、変身し、杖で魔法をかけ、お気に入りの相手には善いことをたくさんしてくれるのです。物語のなかで、妖精は幾度も困難な状況にあるヒロインを救ってきました（『シンデレラ』、『眠れる森の美女』、『ロバの皮』……）。もしも恋人が妖精なら、とらえどころがないだけに、波乱万丈の展開が待っています。メリュジーヌが行方をくらましたのは、夫のレモンダンが「土曜日に決して姿を見てはならないこと」という約束を破ったため。この日に限って海の精セイレーンの姿にもどるのを、夫に見られてしまったのです。

体は小さくても、妖精はわたしたちをちゃんと護ってくれます。ピーター・パンのティンカー・ベルがその証拠。この愛らしい妖精は、「フェアリー・テイル」が流行した19世紀イギリスで誕生しました。妖精の一部は、自然の力を具現しています。水の精（ギリシア神話のネレイスたち、セイレーン、アーサー王伝説の湖の乙女……）、ブルターニュのブロセリアンドの森にあらわれる花や木の精などです。生まれたばかりの赤ちゃんをさらって妖精の子と取り替えたり、いたずらの過ぎる妖精もいます。取替え子（チェンジリング）信仰は、正常に成長しない子どもたちの特異性を説明する口実になりました。

ペローやグリムの童話に登場するカラボスは、意地悪な妖精の典型です。「こぶ（ボス）」という名前が示すとおり、醜い老婆です。

Dear Fairy will you join us
In our mirth and glee to-night,
And we'll dance away the happy hours.
Until the morning light.

小さないたずらっ子

中世から、ヨーロッパの民間伝承にはいたずら好きの小さな妖精がたくさん登場します。人間の姿をしたとても小さな生きもので、群れで夜に活動し、森を好み、巣穴のなかに隠れています。地方によって呼び名はさまざまで、フランスでは一般に小人（ナン）、グノム、ゴブランですが、西のポワトゥーやヴァンデではファルファデ、南のプロヴァンスではファデまたはグリペ、東のアルデンヌではヌトンまたはソテ、ブルターニュではコリガン、アルプスではセルヴァン。また、ゲルマン神話ではコボルト、スカンジナビア諸国ではニッセ、スコットランドではブラウニー……。

専門家によると、どの小人もみないっしょにしてはいけないそうで、地方ごとにそれぞれ異なる特徴があるのだとか。共通点もあります。いたずら小人（リュタン）はお調子もの。粋な人は「からかう」の意味で、「妖精をする（リュティネ）」と言ったりします。歴史や物語のなかで、女性の小人はあまりみかけませんが、いたずら小僧たちは気にしないのでしょう。小人はすばしこくて、人を笑わせるのが大好き。意地悪をしても悪いことをしたとは思っていません。世話好きですが、怒らせないように。小人はとても傷つきやすいのです。もしも、家や料理屋や馬小屋に小人が住んでいたら、敬意をもって接すること。甘やかしても、人のよさにつけこんでもいけません。なにしろ、魔法をかけることができるのですから、注意が必要です。

ネズミと子どもの歯

乳歯が抜けても心配は不要。枕の下に置いておけば、小ネズミが探しに来て、硬貨を数枚、またはちょっとしたプレゼントを残していってくれます。じつはこの習慣ができたのは、比較的最近のこと。1949年のアングロ＝サクソンのおとぎ話『歯の妖精』が起源です。

ネズミと乳歯にまつわる同様の伝説は、世界中に存在します。バイキングは戦闘のとき、抜けた乳歯を首に飾っていました。歯が不屈の力を授けてくれると信じていたからです。エジプト人は、じょうぶな永久歯が生えるように祈りながら、ラーの神を象徴する太陽に向かって歯を放り投げたものです。

中世のヨーロッパでは、抜けた乳歯は魔女の目に届かないところに隠すことが重要でした。そうでないと、魔女が歯の持ち主にとり憑くからです。抜けた歯は燃やすか、土に埋めるか、ヘビまたはノネズミの巣（魔女がなによりも嫌っていました）に隠さなければなりません。ネズミに歯を食べてもらうのもよいでしょう。生え変わった永久歯が、げっ歯類の歯と同じくらいじょうぶになるからです。

空飛ぶ巨獣

ドラゴンの人気は、衰えることがありません。爬虫類のような頭と尾、長くて尖った歯、大きな翼はいつでも子どもたちに大人気です。口から火を吹くことができるのは、竜にとって災いでした。物語のなかの竜は、いつでも悪者だったからです。ギリシアやケルトの神話でも、キリスト教や地方の伝説でも、ドラゴンは常に征服すべき敵。宝物を護っていて、竜を殺せば魔法の力を授かるためなおさらでした。ゲルマン神話で竜に変身するファフニール（ファーフナー）は、英雄ジークフリートに殺されます。ニーベルングの小人の指輪を護るこの竜の血を飲めば、動物の話す言葉がわかるようになるそうです。また、キリスト教の殉教者、聖ゲオルギオスは村を苦しめていた悪竜を退治して、永遠に続く名声を手にしました。

地方には、それぞれ固有の竜がいます。フランスの街メスのグラウリーは、若いお嬢さんが大好き。ポワトゥーのグラングルは、聖ラドゴンドに倒されました。ドイツのリントヴルムは若い娘を捕まえて閉じこめ、北欧神話に登場するニーズヘッグは世界樹ユグドラシルの根を齧り、イギリス・ヘレフォードシャーにいた恐ろしいワイバーンという生きものは小さな女の子に飼われています。

けれども、アジア人は必ずしも竜を敵とは考えていなかったようです。中国で竜は力をあらわし、とりわけ皇帝の権力の象徴でした。

LES ÊTRES LEGENDAIRES. — 2. Le dragon.

崇められた生きもの

グリフォンは、上半身がワシで、下半身が獅子。食物連鎖のなかで最上位に位置するふたつの動物を合体した、想像上の生きものです。さらに、その耳は、美しくて役に立つ第三の動物、馬のものだといいます。

グリフォンは、その姿からドラゴンを彷彿とさせますが、人間と争うことはありません。古代エジプトの時代から、人間はグリフォンを崇めてきました。天上の神々の車を牽(ひ)いて戦(いくさ)や狩りに参加し、金鉱を護り、ケンタウロスのような自分と互角の生きものと力を競い……。モザイクやフレスコ画や彫像に、よくその姿が描かれています。中世ヨーロッパの人びとに大変親しまれ、実際に存在する鳥の一種だとみなされました。だれも見た人はいませんが、だからといって、寓話や小説に登場させたり、絵に描いたりするのを妨げるものではありません。高貴な家の紋章には、よくグリフォンが使われています。また、ドイツのバーデン＝ヴュルテンベルク州や、スウェーデンのスコーネ県の紋章もこの動物がかたどられています。

Palmin-Post- Sammelbild	Fabeltiere **Der Greif**	79. Folge Bild 6

見た目はかわいくても

一角獣の伝説は、東洋が起源だといわれます。ところが、中世ヨーロッパにこの動物の存在が伝えられるや、人びとは実在する動物だと思います。ちっとも不思議ではありません。見た目には魔術を連想させるものはなにもなく、インドのサイと同じで、角がひとつしかなくても、奇形ではないのですから。論争は18世紀まで続きました。ここではっきりさせておかなくてはならないのは、これまで一角獣を実際に見た人はだれもいないのです。

21世紀、一角獣は善いことをしてまわる、かわいい雌の仔馬のイメージです。しかし、かつてのおとぎ話では、勇敢でむしろ攻撃的なほど。それが人びとに不信の念を起こさせる原因にもなりました。グリム兄弟が再話した伝統的な物語『勇ましいちびの仕立て屋』では、主人公の仕立て屋がいかにして一角獣を退治し、国王になって栄光を手に入れたかが語られます。この獰猛な動物は処女の香りを嗅ぐと、たちまちおとなしくなってしまうため、乙女といっしょに描かれることがよくあります（ルネサンス期の有名なタピストリー「貴婦人と一角獣」をご覧ください）。また、一角獣が純潔を象徴していることも、これで説明がつくでしょう。

一角獣の角には、どんな病でも治す力があり、毒を飲んだ人を救うこともできました。それで、たいそう高く売れたそうです。

Palmin-Post-Sammelbild | Fabeltiere **Das Einhorn** | 19. Folge Bild 4

残酷なオオカミ男

満月の夜は家でおとなしくしているように。オオカミ男がうろついています。

オオカミは今でも恐ろしい動物です。肉食で、寒さが厳しく、えさの少ない冬に草食動物の群れを襲い、損害を与えます。ヨーロッパでは、獰猛な捕食動物の典型としてイメージされていても不思議ではありません。自分が獣(けもの)ではないかという妄想を抱く獣人または半獣半人は、先史時代の神話にも存在しました。オオカミ男は、世界中で恐怖の種。インドのトラのように、その地域で実際に危険とされている動物の特徴を備えていて、完全にオオカミ化している場合と、頭だけオオカミで、二足歩行を保っている場合があります。

オオカミ男は希望すればなれるものでしょうか？　はい、でも悪魔と契約することが必要です。よくあるのは、呪いの犠牲になったり、満月の光を浴びたりしてオオカミ男になる場合で、特に月光は変身に欠かせません。霜で畑の作物を枯らす春枯れの月が出ると、伝染病よろしくオオカミ憑きが大量に発生することがあります。他方、オオカミ男は満月の晩になると、本人の意思に関係なく3日間オオカミに変身し、町や村をさまよい、人を襲ってむさぼり食います（好物は小さな子どもたち）。意識をとりもどしたときには、ぐったりして、ひどく落ち込んでいます。犯した行為を思い出して、後悔の念に苛まれているのでしょう。先祖代々の遺伝によるもので、人間に戻ることがない限り、オオカミ男のうつ状態は7年間続くこともあるそうです。

Palmin-Post-
Sammelbild

Fabeltiere
Der Werwolf

79. Folge
Bild 5

賢者の石を求めて

錬金術というと、洞穴のなかにある秘密の実験室がすぐに思い浮かぶでしょう。悪臭を放つ窯の前で、ひとりの賢者が興奮したようすで、際限のない計算にふけっています。これが、中世から18世紀にかけての錬金術のイメージです。その間、このオカルト科学は途絶えることなく細々と継続してきました。その目的は野心溢れるもので、万能薬を調合し、とりわけ金属を黄金に変える賢者の石を手に入れること。不老不死になって、とんでもなくお金持ちになりたい人は、この技術を身につけたいと、のどから手が出るほどだったことでしょう。同時に、錬金術は魔法の使用を疑われたので、不信の目で見られました。錬金術師が複雑かつ難解な言語で書いた文書が残っていますが、それを読む限り、悪魔と取引きをしていたようです。

他方、その膨大な知識ゆえに、錬金術師は尊敬の対象でもありました。古代の伝説的な錬金術の創始者ヘルメス・トリスメギストスは、奇跡を起こしたというよりは、科学の進歩に貢献したといったほうがよいかもしれません。古代エジプト・ファラオ王の統治時代とギリシアで敬われました。12世紀、アラブ人を介して、錬金術がヨーロッパにもたらされます。当時、カトリック教会が全面的に排除しなかったおかげで、錬金術は発展を遂げ、化学に近づいてゆきます。18世紀末になると、錬金術師は単なる変人とみなされました。

L'ALCHIMIE

3. — Raymond Lulle

天の星に導かれて

占星術は、太陽系に属する惑星の位置や動向と、人間の営みとのあいだにある関係を解釈するものです。今日（こんにち）では占いの一種とみなされ、日・週・月・年単位で、さらに生涯にわたって未来を予言するホロスコープを個人的に参照しています。基本的には、太陽・月・惑星をとりまく天体の黄道十二宮上で、自分がどの星座に該当するかわかればだいじょうぶ。生まれたときに、自分の星がどこに位置していたかで決まります。

黄道十二星座はそれぞれ10度ずつに3分割され、火・土・水・風の4つの元素に分類されます。この厳密な体系は、今から1700年ほど前にさかのぼる、古代バビロニアで生まれました。その当時、天体の動きを研究する目的は、恋愛で新たな出会いを求めることではなく、学識豊かな学者が携わっていたものです。紀元前4世紀、医学の父ヒポクラテスは、占星学を学ばずしてよい医者になるのは不可能だと断言しています。予言は都市や国の現在の状況と将来にかかわっていて、統治者たちも真剣に耳を傾けました。遠い先の未来を予言することもありました。例えば、1503年に生まれたフランスの医師ノストラダムスは2019年についても予言を残しました。楽観的な人は信じたくないでしょうが、気候にしろ、戦争にしろ、よいことはなにひとつ予言されていません。

L'ASTROLOGUE
QUI
SE LAISSE TOMBER DANS UN PUITS

すべて教えて！

未来があらかじめ定められているという証拠はどこにもないのに、古代から今日に至るまで、人間はあらゆる手段を使ってそれを知ろうと求め続けています。方法なら、いくらでもあります！

西洋で最も人気のある占いは、手相、トランプ占い、タロット占い、水晶占い、コーヒー占い（カップの底に残ったコーヒーの粉の形で運勢を占うもの）等々、透視者の時代から変わっていません。専門の占い師は、先祖代々受け継がれ、誇りにしてきた特殊な道具や手法を用います。振り子、ルーン文字、数霊術、カルマ、夢、霊媒、放射線感応能力、霊聴、啓示、それからおなじみの占星術……。これらは、広くおこなわれている占いのほんの一部に過ぎません。ほかにも、筮竹、動物（人間も!?）の内臓、気象、鏡、ロウソク、宝石、溶かした鉛、卵、火でも未来がわかるのです。

どうやら、人間の想像力の豊かさは、未来に対する際限のない悩みの数に匹敵するようです。

LA VOYANTE
à la folie
Suis-je aimé 1-4-8-12-16
Seraî-je heureuse ? 2-6-10-14-18
Pense-t-il à moi ? 3-7-11-15-19
M'épousera-t-il ? 5-9-13-17-21
Aurai-je des rivaux ? 20-24-28-32
Deviendrai-je riche ? 23-27-31-35
Me sera-t-il fidèle ? 22-26-30-34-38
Suis-je trahi ? 25-29-33-37-41-45
Dois-je espérer ? 36-40-44-48-50
Le jeu me sera-t-il favorable ? 39-42-43-46-47-49
Choisis la demande et, au hasard, un des numéros : en tournant la roue de la Fortune tu auras la réponse.

信じる者は救われる？

現行の科学の知識では説明のできない病気にかかったら、いったいどうすればよいのでしょう？　つい最近まで、人間はこうしたジレンマに悩まされてきました。なかには、奇妙な策を講じて、無意識のうちに魔術に足を踏み入れている人もいます。人を怯えさせるような儀式をおこないますが、それなりに成果が得られるところをみると、ペテン師ではありません。ときに、呪術医とも呼ばれます。

西洋で呪術医になるには、才能が必要でした。多くの場合、それは先祖代々受け継がれてきたもので、ごく小さいころから能力を伸ばすこともあれば、大人になって突然開花することも。こうした呪術の実践には、磁気学、放射線感応能力、マッサージ、按手、植物による治療など、複数の分野がかかわっています。祈ることはむしろ珍しく、密かにおこなわれました。

19世紀末に、メリー・ベーカー・エディが創立したクリスチャン・サイエンス教会が正式に認可されます。メリーは敬虔な信者でしたが、体が弱かったため、霊的な癒しに救いを求めていました。

歴史上、最も有名な狂信的な呪術医といえば、ロシアのラスプーチンでしょう。このシベリア出身の元巡礼者は、血友病に冒された皇太子を治療したことから、皇帝ニコライ2世の皇后アレクサンドラ・フョードロヴナの信頼を得ます。この怪僧がふるった権力は絶大であったため、宮廷の憎しみを買い、魔術師だとして1916年に暗殺されました。

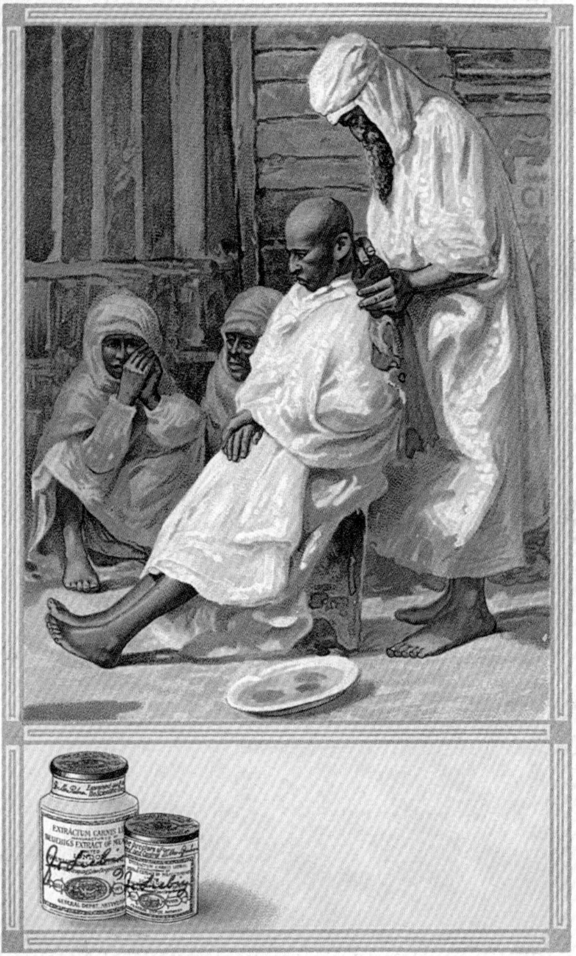

EXTRACTUM CARNIS
EXTRACT OF

幻想、それとも真実？

「亡霊」と「超自然的出現」は区別して考える必要があります。亡霊の場合は、亡くなった人が定期的にあらわれて、生きている人を恐怖に陥れます。他方、「超自然的出現」は超自然の存在が目に見える姿で複数の人の前にあらわれることです。もしかしたら、それは生の淵にいる人を彼岸から迎えに来た死神でしょうか。骨だけの体で、ヴェールをまとっていることもあります。手には鎌をもっていて、取り返しのつかないひと振りで人間の生を刈りとるのです。これが、わたしたちのイメージする死神の姿ですが、だれも実際に見た人はいないのでなんともいえません。

聖人の出現はこれとは異なります。イエスの母マリアは、聖人のなかで最も頻繁にあらわれ、数百回を数えます。しかし、そのすべてを教会が認めているわけではありません。聖母マリアの出現に関する教会の調査は数十年続きます。1877年にポーランドのギエトシュバウトでマリアが出現したとき、それが正式に認められたのは100年後でした。とくに予言はありませんでしたが、マリアの言葉は福音書のメッセージと一致していました。たとえ教会が認めても、信者のほうでそれを信じる義務はありません。ただし、教会が認めていない出現のあった場所に巡礼をすることは可能です。

そこにいるのは幽霊さん？

亡霊（ファントム）と幽霊（ルヴナン）を混同しないように。亡霊は人間の姿をしていますが、輪郭はぼんやりしていて、不安定で、とらえどころがありません。たまに動物の姿をしていることがあります。コナン・ドイル『バスカヴィル家の犬』に登場する恐ろしい魔の犬がその例です。亡霊は、いつなんどき、どこにでも、音もなくあらわれます。壁を通りぬけ、空中を漂い、家にとり憑きます。人間に対して敵意を示すことは少ないのですが、出現すれば不安になります。生きている人はその秘密を探ろうとしますが、成功した試しはありません。亡霊の出現といっても実際に会ったわけではなく、伝説に基づいて語られることがほとんどだからです。亡霊があらわれるのは、かつて自分が住んでいた（生きていた）場所です。亡霊になった人は長いあいだ不正に耐え、卑劣な手段で死に追いやられ、それを恨んで死後やすらかに眠れないのかもしれません。

姿は見えないのに、音だけが聞こえてくる場合もあります。ポルターガイストといって、ものを動かしたり、投げたり、突然、照明や電気器具のスイッチを入れたり、要はだれがやっているのかわからないだけに、人の不安を募らせる現象を指します。

他方、幽霊はわたしたちが知っている人の姿をしています。仕返しに来たか、伝えたいことがあってあらわれたのでしょう。最悪なのは、吸血鬼になった生ける屍（しかばね）で、夜が更けてからでないと墓から出てきません。霊媒師が呼べば幽霊はそれに応えますが、大変な集中力を要します。

E.C. Banks.

そこにいるのは精霊さん？

19世紀半ば、フランスでスピリティズムが流行します。ただし長くは続かず、15年ほどのあいだでした。当時のサロンでテーブルを回転させることがブームになり、その中心だったのが、アラン・カルデックこと、イポリト・リヴァイユ。スピリティズムは米国で誕生し、フォックス姉妹がそのはじまりです。ふたりの娘は家の壁のなかから、ひそかに埋められた旅人の声が聞こえると主張したのです。のちに姉妹が嘘をついていたことがわかりますが、信じる人は増えました。

わたしたちは、周囲にいる霊と交信することができるのです。小学校の元教師だったイポリトは、前世でケルト人社会の祭司ドルイド僧だったときの名前、アラン・カルデックを名乗り、自著『霊の書』でみずからの原理を展開します。この「哲学」は世界中に広まり、とりわけ南米で多くの信者を獲得し、その数は50万人にのぼるといわれます。

彼岸の住民との交信には、霊媒となる感受性の強い人が必要です。一部の人が信奉していたテーブル・ターニングについて、カルデックと弟子たちは、その使用を認めていませんでした。それでも、当時有名だった知識人のなかには、テーブルを回転させる降霊会に興味を引かれる人も。若くして溺死した愛娘レオポルディーヌの復活を願ったヴィクトル・ユーゴーも、そのひとりです。また、シャーロック・ホームズの生みの親アーサー・コナン・ドイルは、スピリティズムの熱心な信者でした。

Les Esprits frappeurs (Spiritisme)

お祓いが必要な家

亡霊が住んでいるのはお城とは限りません。しゃれた田舎家を住まいにしていることも。超自然現象がひどくて、悪意が感じられるとき、恐ろしい亡霊につきまとわれているとき、そんな家に住む人はいないでしょう。フランス北部のダンケルクやランベルサールには、そこで殺人があったために打ち捨てられた建物が残っています。イギリスで有名なのは、中世の魔女狩り時の刑務所跡に建てられた「ザ・ケイジ」。そこには、16世紀の有名な魔女ウルスラ・ケンプが収容されていました。

反対に、フランス中西部ヴィエンヌにあるフジュレ城は、かつて亡霊一家が住んでいた、暗黒時代の奇怪な趣があることで、興味津々の観光客を引きつけています。目には見えなくても、あやしい物音や声、扉がばたんと閉まるかと思えば、氷のような冷たい隙間風がはいってくる幽霊屋敷もあり、お祓いにはこと欠きません。悪魔祓いをする、いわゆるエクソシストだけが、悪霊に家を去るよう命じることができますが、並大抵のことではありません。亡霊が家にとり憑くときはなにか理由があるのですが、それを明かそうとはしないからです。

復讐を誓う亡霊に納得してもらうには、いったいどうすればよいのでしょう?　簡単ではなく、悪魔祓いを何度も繰り返すことが必要です。確実なのは、定期的に屋敷を燻蒸消毒する予防措置をとり、負のエネルギーを一掃すること。燻蒸には、セージの葉や毎週精製した塩を使います。

亡霊さん、出ておいで！

カメラの発明に伴い、心霊写真という新たな分野が生まれます。あたりをさまよう幽霊または亡霊を写真に撮って、存在を証明しようとするものです。インターネットの出現とともに、あやしい映像と音をビデオで発信することが可能になり、心霊写真は新時代を迎えます。投稿者は単独またはグループで、幽霊が出るといわれているところ（城はもちろん、普通の家や自然に囲まれた場所もあります）に行きます。準備は万端、ビデオカメラにマイク、電磁場や温度の計測器、暗視装置、電子音声現象（EVP）や動きをキャッチできる機器等などを携えて。設備が整い、撮影にある程度成功したら、インターネット・ユーザーの関心を引くコメントをつけてSNSに投稿するのです。トリックを使い、刺激を求めてやまないフォロワーの期待を裏切りたくなかった云々と言い訳をして、投稿者自身がそれを告白する場合もあります。

米国では、心霊写真がテレビ番組にもなりました。先駆者であるエド＆ロレイン・ウォーレン夫妻は、心霊写真の撮影に生涯を捧げて有名に。夫妻の活動は1950年代初めに始まり、長男が一家全員を射殺したことで知られるニューヨーク州アミティヴィルの「悪魔の棲む家」をめぐる事件にも関与しています。

There is a maid for every man
And every man be free
At this last hour of Halloween
By him to find the "She."
HALLOWEEN GREETINGS

海をさまよう幽霊船

だれも乗っていないのにひたすら前に突き進む、年月を経た大きな帆船とすれ違ったら、それはまちがいなく「さまよえるオランダ人」の船。乗組員に殺された船長が死ぬ直前にかけた呪いのために船内でペストが発生し、どこの港でも寄港を拒否された結果、あてもなく永遠の航海を続けているのです。この伝説は、「飛ぶように」海を航行し、ごく短期間で目的地に到着することで知られるオランダ人船長の逸話に基づいています（この船長は、突然消息を絶ちました）。このエピソードに着想を得た、ワーグナー作曲のオペラもあります。

幽霊船について報告する船員は、世界中にいます。どこからともなくあらわれ、すべての帆を全開にして航海していますが、船上に人の姿はなく、いたとしても哀れな乗組員の幽霊ばかり……。幽霊船と遭遇すれば縁起が悪いと、船乗りたちから恐れられました。チリ沖の海上をさまようカレッシュ船もそのひとつ。悪魔と魔術師の巣窟だといわれ、何者かがあらわれ光を放ち、たちまち姿を消したと、多くの人が証言しています。

20世紀後半になっても、こうした目撃情報は絶えません。例えば、嵐の日に他の船をあやまって転覆させたチャールズ・ハスケル号の漁師たちは、次の年、何人もの水兵が次々と船に乗りこんできたかと思うと、水上を歩いて去っていったと語っています。不思議なことに、幽霊船はレーダーに映りません。とり憑かれているのでしょうか。

Qu'en puis-je faire hé-las!
sans femme, sans enfant.

Héros des Opéras de Wagner. Le Vaisseau-fantôme.

謎の「白い貴婦人」

その女性はいずれも白い服を着て、白い帽子を被っている点が共通しています。夜、とりわけ満月の晩にあらわれ、日中はめったに姿を見せません。すれ違った人は驚きますが、怖いとは思いません。あとかたもなく消え去るので、限りなく不安になりますが、この婦人に会って、脅されたり、ひどい仕打ちを受けたりした人はだれもいません。どこからともなくあらわれ、その目的は不明です。でも、理由はうすうす見当がついています。事故か、迷宮入りした殺人事件か、いずれにしても悲惨で不幸な亡くなり方をしたため、やすらかに眠ることができないのです。

作家ジュール・バルベー・ドールヴィイが『憑かれた女』で描いた、フランス・ノルマンディ地方レセの白い婦人は、まさにこんな感じでしょうか。殺されたあと、満月の夜になると、住んでいた館(やかた)近くの荒れ地をあてどもなく歩きまわるのです。また、18世紀、ブルターニュ地方モルビアンにあるトレセソン城の屋根の上に出現する、生きながら土に埋められた女性のことも思い出されます。

現代版「白い貴婦人」は、ヒッチハイクをするミステリアスな女性。だれが停まっても、行き先はドライバーと同じです。助手席に黙って座っていますが、カーブに近づくと、気をつけるようドライバーに忠告します。まさにこの場所で、彼女たちは命を落としたのです。無事カーブを過ぎると、女性の姿は消えています。でも、気をつけてください。女性を無視して通り過ぎると、とんでもない目にあうといいますから。

LA DAME BLANCHE

釘のベッドで苦行

イスラム教の神秘主義者（ファキール）はスーフィ教徒で、ヒンドゥー教のサドゥーに相当します。苦行を実践し、施しをもらい、極貧の生活を送る人びとです。西洋で「ファキール」という語は、超人間的な能力と関連づけて考えられています。釘の突き出たベッドで横になる、短刀を体に刺す、熱い熾火（おきび）の上を歩く、ヘビとたわむれる……。インドの神秘主義者にとって、こうした行為は特別なものではなく、禁欲と瞑想によって得られる精神力なのだとか。しかし、偉業を達成するには魔法をマスターすることが必要だと考える西洋人にとっては驚きです。

例えば、両大戦間にフランスで流行した、手品もどきの妖術（ファキリスム）。当時、シャルル・フォセこと「ビルマの苦行者」は、1901年、サン＝テティエンヌで生まれました。名前を売る目的で、マスコミに広告を出した最初の占星術師で、有名になり、ラジオにも出演しています。1939年、透視力の行使を禁じられ、女性下着の製造販売に転向しました。

また、1931年、イゼールに生まれたレオン・グベはベン・グー・べの名で、700回以上十字架に磔（はりつけ）になる、4日間舌に釘を打ったまま過ごすなど、人びとを驚愕させる快挙を達成し、全世界から絶賛されました。本人は超自然の力ではなく、精神および肉体の両面における継続的な鍛錬の賜物だと語っています。また、痛みに関する研究で、医学に貢献を果たしました。

Ruines de
Golconde.

魔法で診察

世界保健機関(WHO)によると、アフリカ人の80%が魔術に近い施術を定期的に受けているそうです。ヘルスケア関連のサービスがほとんどないことと関係しているのでしょう。

アフリカの医療は、ヨーロッパの医療と根本的に異なります。病気は精神的または社会的不均衡によって発症し、診断の際は呪文を唱えたり、骨や貝殻を投げたり、鶏の内臓を調べたりすることで病因を探ります。病気は神々や先祖の不満、患者自身が気づかないうちに冒した誤りによって引き起こされるため、魔術を用いた診察は正当だといえます。

神聖なパワーを発揮したり、問題の原因を突き止めたりする以外に、呪術医には薬草の知識があります。マッサージをするとき、軟膏を塗るとき、植物を用いて燻蒸法や煎じ薬を処方するときには助言も与えます。使用する植物は4000種にのぼり、スピリチュアルな意味や医学的効能をもとに選ばれます。

今日(こんにち)、西洋の研究者グループは、有害な作用をもつ植物について注意を促す一方で、こうした治療法に関心を寄せており、伝統的な薬草をもとに薬剤の改良をめざしています。双方の医療を対立させるのではなく、相互に補いあいながら活用しようとしているのです。

A.Austr. Anglaise UNION SUD-AFRICAINE
Une consultation de sorcier

厳しい修行

植民地化が始まる以前、アフリカ人は目に見えない力を信仰していました。彼らを通じて開拓者たちは魔術の存在を知りますが、一神教の世界観はアフリカ人の世界観と相入れません。ヨーロッパの人は、キリスト教への改宗が人類の発展には欠かせないと考えます。宣教師たちが起こした行動は明快でした。祖先から受け継がれてきた信仰を踏みつけ、改宗を強要したのです。しかし、魔術師と呼ばれていた人は賢者として敬われ、村の共同生活に密接にかかわっていました。神のお告げを聞くことのできる魔術師を村人は信頼し、心身両面にわたる治療を任せていたのです。

祈祷師や呪術師になるのは、決して簡単なことではなく、修行を通じて、先祖代々用いられてきた薬草などの伝統的な知識を習得しなければなりません。秘儀を伝授された人は村の長(おさ)からさまざまな相談ごとを引き受けました。共同体に対する責任は、個人的な悩みや投資に関する相談を引き受けて報酬を得る現代の修道士とは比べものになりません。また、その多くは子どもですが、魔法をかけて困った状況を引き起こすような人物とも異なります。

現在、魔術の行使は多くのアフリカ諸国で禁じられていますが、それでもオカルトの実践や、不満を抱く人びとが諸悪の根源だとして「罪びと」をリンチするような行為が絶えません。

POSS.PORT. ANGOLA

UN FETICHEUR DE L'ANGOLA

シャーマンと鳥の羽根

アメリカ先住民の共同体には、これから起こることを予知し、夢を診断し、善を呼び寄せ、悪霊を遠ざけ、敵と交渉することのできる人がいます。その人たちは、一般にシャーマンと呼ばれますが、みずから望んでそうなったわけでも、努力の賜物でもありません。子どものころ、両親や長老から認められ、教育を受けてシャーマンになるのです。その課程は、中国でおこなわれている自然医療を実践する医師の養成に匹敵します。シャーマンは大地のエネルギーを呼びさまします。アメリカ先住民は、大地の資源を搾取することなく、常に敬意を払ってきました。

先住民の酋長のように、シャーマンも頭に羽根のついた飾りを被ります。また、戦士の頭にも、戦闘における殊勲を祝福する同じ羽根の被りものが。戦士もまた、共同体にプラスのエネルギーをもたらすと考えられたからです。

頭に飾られる鳥の羽根には、それぞれ異なる意味があります。最も威厳があるのはワシの羽根。魔法を駆使する宗教的儀式でしかるべき位置を占め、人びとを加護し、思考を精霊のもとへいざないます。長いキセルに飾られるハトの羽根は、平和の儀式に用いられます。シャーマンはカモ、ミミズク、フクロウ、ナイチンゲールの羽根を身につけ、女性のシャーマンには、子どもを授かる儀式に用いる白鳥の羽根が欠かせません。

N° 14 - SORCIER
INDIANA

東洋の不思議

イスラム化される以前のアラブでは、魔術が重視されていました。いわゆる「ジャーヒリーヤ」の時代は多神教で、人びとは霊を恐れ、複数の神、石、聖なる動物に祈っていました。7世紀にイスラム教が起こりますが、こうした信仰を厳しく弾圧することはしませんでした。人びとのあいだに浸透していた智慧は、イスラム以前、無明時代の重要な霊である「ジン」を取りこみ、その後もコーランはこの目に見えない霊の存在を認めていました。人、動物、植物、いずれにも姿を変えることのできるこの霊は、それほど恐れられたのです。予測のつかないジンの力を逃れることは不可能でした。

ジンは水辺や砂漠や森に棲み、体と魂にとり憑く無限のパワーがありますが、その力を悪用することはありません。意地悪でも、だからといってひたすら善良なわけでもなく、キリスト教の天使とも異なります。人間のように粘土からではなく、火から生まれた神の創造物で、法に従い、なにに同意し、なにに背くかについては選択の自由を有しています。たとえ罪を犯しても、望めば心を入れ替えることができ、きわめてフレキシブルだったのです。

UN GÉNIE APPARAÎT A ALADIN.

シェヘラザードの世界

柔軟で機転の利くシェヘラザードは、多難な人生をうまく切り抜けます。ペルシア王シャフリヤールから危うく殺されかけ、千と一夜のあいだ、胸おどる物語を王に話して聞かせるのですが、夜明けが来ると口をつぐんで結末は翌日に持ち越すため、王は夜が来るのが待ち遠しくてたまりません。

物語では、盗賊や旅人、魔神や魔法使いが活躍します。さらに、悪いおこないのため罰として雌鹿に変えられた娘、嫉妬のあまり王子を人食い女のもとへ送る大臣、首を切られた医師の進言を受ける王、妖精と会話をする奇跡の魚たち、死んだ恋人を、魔法の力で生きて気を失っているかのように見せる女王……。荒唐無稽な話が次から次へと飛び出します。

ヨーロッパには、18世紀初め、アントワーヌ・ガランによるフランス語訳『千夜一夜物語』が伝わったのが最初です。魔法のことなどなにも知らなかった西洋の読者は、摩訶不思議な東洋の物語に魅了されました。いくつかのお話は有名ですので、だれもが知っています。『アリババと40人の盗賊』では、貧しい木こりが「ひらけ、ゴマ！」という魔法の言葉で財宝の隠された洞窟に入りこみます。『船乗りシンドバッドの物語』では、巨人の手から逃れた主人公がゾウとなかよくなり、鳥に変えられた人間と出会います。

ブードゥー教の儀式

ブードゥー教は、西アフリカのダホメ王国(現在のベナン)で生まれました。奴隷貿易の中心地で、奴隷にされた人びとはここから船に乗せられたのです。このとき、奴隷といっしょに、信じられていた宗教も海を渡り、目的地では布教が禁じられたにもかかわらず、一族の子孫に代々伝えられます。抑圧された状況のもと、宗教は異なる部族の人をひとつにまとめたのでした。

今日(こんにち)、ブードゥー教はアフリカを中心に信じられており、熱烈な信奉者はハイチ、アンティル諸島、ブラジル、米国ルイジアナ州にまでおよびます。魔術の色濃い伝統的な儀式は今も健在。教えによると、空気や大地や水や木々のなかには目に見えない力が存在していて、世界を統率しているのだそうです。至高の創造神マウの支配下で、無数の神々「ヴォドゥ」が、戦い、愛、大地、富、名声などの領域をつかさどっています。信者たちは見えない力を呼んで加護を求めますが、それらの神々と交信するには、魔術師による神秘的な儀式が必要です。幻覚剤を飲んで狂ったように踊り、トランス状態に入ると、魔術師にとり憑いた精霊があらわれ、魔法をかけたり、魔力を封じたりしてくれるのです。

こうした儀式を演出するのに欠かせない小道具が、人形です。布または編んで作ったもので、対象となる人の身代わりになり、針を突き刺すと、魔法をかけることができます。

参考文献

Arnould, Colette, *Histoire de la sorcellerie*, Tallandier, 2019.

Atwood, Margaret, *Graine de sorcière*, Robert Laffont, 2019.

Auray, Christophe, *L'Herbier des paysans, des guérisseurs et des sorciers*, Ouest France, 2019.

Chabrillac, Odile, *Âme de sorcière ou la Magie du féminin*, Pocket, 2019.

Chollet, Mona, *Sorcières. La puissance invaincue des femmes*, Zones, 2019.

Collectif, *Contes de sorcières*, Flammarion, 2017.

Delatte, Armand, *Herbarius. Recherches sur le cérémonial usité chez les anciens pour la cueillette des simples et des plantes magiques*, Trajectoire, 2019.

Ehrenreich, Barbara et English, Deirdre, *Sorcières, sages-femmes et infirmières*, Cambourakis, 2015.

Federici, Silvia, *Caliban et la sorcière*, Entremonde, 2017.

Frances, Isabelle et Laporte, Florence, *La Magie des druides*, Rustica, 2018.

Michelet, Jules, *La Sorcière*, Gallimard, 2016.

Miller, Arthur, *Les Sorcières de Salem*, Robert Laffont, 2015.

NDiaye, Marie, *La sorcière*, Minuit, 2009.

Prolongeau, Hubert, *Et vous, vous y croyez ? Petit tour de France des pratiques occultes*, Mon Poche, 2019.

Van Grasdorff, Gilles (préface), *Le Grand et le Petit Albert*, Archipoche, 2013.

Victor, Henry, *La Magie dans l'Inde antique*, La Clef d'or, 2017.

LE PETIT LIVRE DES SORCIÈRES

Toutes les images proviennent de la collection privée des Éditions Papier Cadeau, sauf p. 31 © Transcendental Graphics / Getty Images ; p. 65 © Heritage Images Hulton Archive / Getty Images ; p. 69 © DEA / Biblioteca Ambrosiana / Getty Images ; p. 85 © Fototeca storica nazionale / Getty Images ; p. 87 © Smith collection / Gado Archive Photos / Getty Images ; p. 89 © PHAS Universal Images Group / Getty Images ; p. 93 © Print collector Hulton Archive / Getty Images ; p. 168 © Leemage Universal Images Group / Getty Images.
Couverture : Plat 1 © Transcendental Graphics / Getty Images ; fond © Jacques Saint & Paulette Vichy (coll. particulière)

Direction : Jérôme Layrolles
Responsable de projet : Églantine Assez
Directeur artistique : Charles Ameline
Fabrication : Cécile Alexandre-Tabouy
Mise en pages et photogravure : CGI

This Japanese edition was produced and published in Japan in 2020 by
Graphic-sha Publishing Co., Ltd.
1-14-17 Kudankita, Chiyodaku,
Tokyo 102-0073, Japan

Japanese edition creative staff
Translation: Kei Ibuki
Text layout and cover design: Rumi Sugimoto
Editor: Yukiko Sasajima
Publishing coordinator: Takako Motoki
(Graphic-sha Publishing Co., Ltd.)

ISBN 978-4-7661-3432-2 C0076
Printed in China

シリーズ本 好評発売中！

ちいさな手のひら事典

薬草

エリザベート・トロティニョン 著

ISBN978-4-7661-3492-6

ちいさな手のひら事典

月

ブリジット・ビュラール＝コルドー 著

ISBN978-4-7661-3525-1

ちいさな手のひら事典

子ねこ

ドミニク・フゥフェル 著

ISBN978-4-7661-3523-7

ちいさな手のひら事典

花言葉

ナタリー・シャイン 著

ISBN978-4-7661-3524-4

ちいさな手のひら事典

マリー・アントワネット

ドミニク・フゥフェル 著

ISBN978-4-7661-3526-8

ちいさな手のひら事典

おとぎ話

ジャン・ティフォン 著

ISBN978-4-7661-3590-9

ちいさな手のひら事典

占星術

ファビエンヌ・タンティ 著

ISBN978-4-7661-3589-3

ちいさな手のひら事典

クリスマス

ドミニク・フゥフェル 著

ISBN978-4-7661-3639-5

ちいさな手のひら事典

フランスの食卓

ディアーヌ・ヴァニエ 著

ISBN978-4-7661-3760-6

ちいさな手のひら事典

幸運を呼ぶもの

ヴェロニク・バロー 著

ISBN978-4-7661-3830-6

著者プロフィール

ドミニク・フゥフェル

作家、ジャーナリスト。南フランスに暮らし、昔ながらの風習や暮らし、言語、自然環境を研究。子どもの教育やフェミニズム関連の書籍も執筆している。『ちいさな手のひら事典』シリーズでは、『パリ』『ベルサイユ』『クリスマス』などのタイトルを手がけた(いずれも日本未刊行)。

ちいさな手のひら事典 **魔女**

2020年8月25日　初版第1刷発行
2024年12月25日　初版第8刷発行

著者　ドミニク・フゥフェル(© Dominique Foufelle)
発行者　津田淳子
発行所　株式会社グラフィック社
102-0073 東京都千代田区九段北1-14-17
Phone: 03-3263-4318　Fax: 03-3263-5297
https://www.graphicsha.co.jp

制作スタッフ
翻訳:いぶきけい
組版・カバーデザイン:杉本瑠美
編集:笹島由紀子
制作・進行:本木貴子(グラフィック社)

ISBN978-4-7661-3432-2 C0076
Printed and bound in China